Para una refundación del marxismo

Reflexiones sobre *El Capital*, el Estado-mundo y el régimen neoliberal

(Ensayo, 3)

Para una refundación del marxismo

Reflexiones sobre *El Capital*, el Estado-mundo y el régimen neoliberal

Jacques Bidet

Edición e introducción de Ricardo Bernal Lugo

CoNtRaStE

Primera edición, 2017

I. Ramírez 4, Chilpancingo, Guerrero, 39000
www.contrasteed.jimdo.com/**facebook/linkedin**
Contacto: contrasteeditorial@hotmail.com
Diseño de la portada: © Arq. Juan Carlos Rendón Alarcón
Imagen de la portada: © Contraste Editorial S. A. de C. V.
ISBN 978-607-97617-1-4

Hecho en México

Índice

Introducción
Jacques Bidet, enmendar una ausencia

Ricardo Bernal Lugo

El siguiente libro presenta cuatro textos de Jacques Bidet hasta ahora inéditos en español. Las líneas que componen estos trabajos dan testimonio de los aportes teóricos desarrollados por el pensador francés en las últimas tres décadas. Como director de la revista francesa *Actuel Marx* durante más de 20 años, Bidet entabló un diálogo permanente con los más diversos intérpretes de la obra del alemán, conformando así una propuesta teórica sólida y original. A pesar de que su obra principal, *Refundación del marxismo. Explicación y reconstrucción de El Capital* (2007), se encuentra traducida al español, al igual que el libro *Altermarxismo* (2007), escrito en colaboración con Gérard Duménil, buena parte de los trabajos de Bidet no son accesibles para el público hispanohablante; en particular, sus libros más recientes *L'État-monde* (2011), *Foucault avec Marx* (2014), *Le néolibéralisme, une autre grande récit* (2016), pero también *Théorie générale* (1999), una de sus obras más ambiciosas. Aunque de forma parcial, este libro intenta llenar el hueco que en nuestro panorama intelectual ha provocado la ausencia de una de las reflexiones más lúcidas sobre la actualidad de Marx.

De esta manera, si se nos permite la expresión, este libro tiene el propósito de enmendar una ausencia.[1]

En esta introducción nos limitaremos a señalar algunas ideas claves desarrolladas por Bidet a lo largo de los textos aquí reunidos. No buscamos profundizar en los planteamientos del francés, sino facilitar la lectura de algunos pasajes que pueden resultar complicados para el lector menos familiarizado con su aparato conceptual. Quien tenga un contacto cercano con la obra de Marx, con su influencia en disciplinas como la sociología, la filosofía o la economía, puede prescindir de estas páginas e ir directo a los textos del autor. En todo caso, los siguientes párrafos pueden servir como hilo conductor de algunas de las reflexiones que, con matices distintos, reaparecen en los artículos de Bidet aquí reunidos. Veamos.

En línea de continuidad con el trabajo realizado por Althusser en la década de 1960, Bidet dirige su atención al Marx de *El Capital*, poniendo especial énfasis en la reescritura constante de cada una de las ediciones de esta obra. Como él mismo afirma en la introducción de su primer libro, *Que faire du Capital*? (1985), Marx no se limitó a perfeccionar una misma intuición durante toda su trayectoria intelectual, sino que procedió como normalmente lo hace el científico: corrigiéndose a sí mismo una y otra vez hasta definir mejor sus objetos y controlar plenamente sus conceptos. En ese sentido, el francés se opone a aquellas lecturas de corte filosófico que tratan de encontrar la esencia de *El Capital* en los *Grundisse*.

---

[1] La investigación de Jacques Bidet debe entenderse como una refundación del marxismo, si entendemos este último en su triple vertiente de teoría de la sociedad moderna, teoría de la historia moderna y política de emancipación. Su obra más reciente, aún por aparecer, titulada *Le Peuple comme classe, et le question du Tiers-parti*, da testimonio de ello.

Ahora bien, Bidet se interesa particularmente en la Sección 1 del primer tomo de *El Capital*, motivo de infinitas discusiones en la historia del marxismo. Ciertamente, en las primeras ediciones de esta obra Marx le abre la puerta a un tipo de lectura que interpretaría la Sección 3 como el desarrollo dialéctico de los elementos presentados en la Sección 1; sin embargo, el análisis detallado de las últimas ediciones -sobre todo de la edición francesa, enteramente revisada por Marx- desautoriza esta lectura. El pasaje de la Sección 1 a la Sección 3 no puede ser comprendido en términos dialécticos, pero tampoco como si se tratara del paso de un momento "fenoménico" a uno "esencial", tal como suelen interpretarlo algunos filósofos que ignoran las implicaciones jurídico-políticas de la primera Sección.

En efecto, según Bidet, la Sección 1 no tiene como objeto la circulación, entendida como la superficie del capitalismo, sino la lógica de la producción mercantil. Los conceptos que ahí se ponen en juego no describen una realidad fenoménica cuya esencia se expresaría en la producción, sino la racionalidad que subyace al intercambio de mercancías efectuado por productores independientes. Es verdad que Marx nunca termina de controlar los conceptos de esta parte de la exposición, sin embargo, una aproximación teórica no debe elevar las inconsistencias al rango de dogma, sino seguir el hilo de la exposición para mostrar las consecuencias lógicas de las categorías que ahí se ponen en juego.

Así, a pesar de su título, la Sección 1 no tendría por objeto la "mercancía" sino la racionalidad interna a la dinámica de concurrencia entre productores independientes, quienes son incitados a producir las mercancías demandadas en el mercado en el menor tiempo posible. La teoría del valor, por tanto, nos permite dar cuenta de las exigencias que la concurrencia mercantil le impone al proceso productivo, a saber: los productores se ven obligados a elevar la productividad hasta igualar el tiempo de trabajo socialmente necesario para la realización de una misma mercancía. Como se puede observar, los conceptos implicados en esta Sección no sólo hacen referencia a la circulación, sino que aluden a la relación entre el mercado y el proceso productivo.

Pero eso no es todo, la explicación de la lógica de producción mercantil también implica una serie de conceptos de carácter jurídico-político. En efecto, el intercambio de mercancías descrito en la Sección 1 presupone condiciones de igualdad jurídica y libertad de compra-venta, las cuales son correlativas a la consolidación de una instancia organizativa de carácter más o menos centralizado. Así, si atendemos las exigencias conceptuales de la Sección 1, la "infraestructura" económica y la "superestructura" jurídico-política se encuentran indisociablemente ligadas desde el comienzo. De esta forma, el inicio de *El Capital* tendría como objeto este entramado económico, jurídico y político, en el que supuestamente la libertad y la igualdad se encuentran ligadas a la racionalidad de la lógica mercantil. Sin embargo, aún queda por aclarar cuál es el estatuto de aquello que se describe en este momento de la exposición.

A partir de la Sección 3 Marx pasa de la descripción de la lógica de producción mercantil al análisis de la estructura del modo de producción capitalista, un objeto de estudio que sólo puede ser clarificado si se toma en cuenta la mercantilización de la fuerza de trabajo. Solamente cuando llegamos a esta parte de la exposición descubrimos que el "plusvalor" es el resultado de un excedente producido por los trabajadores, del cual, sin embargo, se apropian los dueños de los medios de producción.

Así, lo que hasta entonces había sido considerado en términos de relaciones entre individuos deberá ser considerado en función de las relaciones entre clases. Pero una vez que pasamos al análisis teórico de la estructura de clase capitalista y, por ende, del "plusvalor", la libertad, la igualdad y la racionalidad implicadas en la lógica de producción mercantil se invierten: la explotación de la fuerza de trabajo pone de manifiesto que las sociedades capitalistas se sostienen en una división de clases que hace prevalecer condiciones de desigualdad, sujeción e irracionalidad.

En términos teóricos, el tránsito que nos lleva del valor al plusvalor no debe pasar desapercibido. Mientras que en el primer caso estamos ante el análisis de la racionalidad subyacente a la lógica de producción e intercambio mercantil entre productores independientes; en el segundo nos encontramos ante la explicación de la acumulación capitalista como resultado de la apropiación del trabajo ajeno. Por lo mismo, Bidet insiste en el error de aquellos análisis que buscan hacer de la teoría del valor un instrumento cuantitativo para explicar los precios en el mercado capitalista. Después de constatar que el capitalismo depende de la mercantilización de la fuerza de trabajo resulta imposible seguir afirmando que los productos se intercambian "a su valor". En realidad, como afirma el propio Marx en el Libro 3, éstos se intercambian en virtud del costo de producción (en el que va incluido el costo del salario) más el beneficio medio, atendiendo a las fluctuaciones del mercado. Así, contrario a lo que afirman algunos de sus críticos, el análisis de Marx no nos obliga a realizar "imposibles cálculos del valor".

En cualquier caso, la explicación de la estructura capitalista no se produce cuando salimos del dominio "aparente" de la circulación y entramos en el dominio "esencial" de la producción, sino cuando logramos conceptualizar la instrumentalización que la mercantilización de la fuerza de trabajo produce sobre la lógica de producción mercantil. O, en otras palabras, cuando constatamos que en las sociedades capitalistas la lógica de producción mercantil no busca realizar valores de uso, sino que ha sido convertida en un "instrumento" para obtener plusvalor.

De igual forma Bidet subraya que el paso de la forma valor M-D-M a la forma capital D-M-D′, expuesto en la Sección 3, no se puede explicar en términos dialécticos, es decir, como si la primera forma sólo pudiera ser comprendida plenamente a partir de su desarrollo en la segunda. Ciertamente, la secuencia D-M-D′ implica una "transformación" respecto a M-D-M, pero no se trata de un desarrollo dialéctico que terminaría por colocarnos frente a la "forma" (social) del capitalismo. Lo que se juega en la figura D-M-D′ es, más precisamente, una "formula" (ideológica) de la consciencia ordinaria. En efecto, el incremento ("′") de valor en D-M-D′ se le presenta al capitalista como el resultado del adelanto de dinero; sin embargo, Marx muestra que el excedente de valor sólo puede ser resultado de la explotación de la fuerza de trabajo. De esta forma, más que una "contradicción real", la "formula" D-M-D′ es una "contradicción en los términos" (de la relación entre equivalentes no puede surgir un incremento) cuya resolución sólo es posible si se toma en cuenta un elemento nuevo: la mercantilización de la fuerza de trabajo.

Así, para Bidet, entre la Sección 1 y la Sección 3 no habría ni un pasaje que nos llevaría de la "superficie" a la "esencia", ni una "superación dialéctica". En todo caso, nos encontraríamos con una elaboración teórico-conceptual que comienza por lo "más abstracto" o lo "más general" y nos conduce a lo “más particular”, a su “determinación concreta”. Del análisis “más general” de la lógica de producción mercantil, pasamos al estudio del capitalismo como su “determinación concreta”, resultado de la instrumentalización de la lógica mercantil a través de la mercantilización de la fuerza de trabajo.

Ahora bien, Bidet señala que *El Capital* no sólo nos ofrece un análisis del modo de producción capitalista, sino el esbozo de una teoría de la modernidad que es preciso complementar. En ese sentido, el francés señala que en la medida en que los procesos sociales se vuelven más complejos, las relaciones más inmediatas, establecidas a través del discurso comunicativo, tienden a ser relevadas por dos relaciones de mediación que fungen como instancias de coordinación social: el mercado y la organización. En palabras del francés, la modernidad puede caracterizarse como “el periodo abierto cuando emerge un Estado cuya tarea es hacer colaborar las fuerzas y los procesos de *mercado* y *organización* sobre su territorio”.

De esta forma, aunque el inicio de *El Capital* nos coloca de lleno en el análisis de la modernidad, para Bidet, Marx explica de manera deficiente la relación existente entre estas dos mediaciones. En efecto, el §4 del capítulo 1 del libro 1 de *El Capital* nos ofrece un “relato” cuya narrativa nos lleva de la abolición del mercado a la consolidación de un orden social libre fundado en la organización. Así, Marx plantea una secuencia lineal donde la emancipación podría materializarse al sustituir el mercado por la organización, o, en otros términos, al reemplazar las relaciones mercantiles por la planificación concertada entre todos.

Bidet no deja de insistir en que el socialismo real ha terminado por evidenciar los problemas de esta narrativa. Si el siglo XX nos ha enseñado algo es que los procesos que tienen lugar en la organización también son susceptibles de reproducir privilegios. En efecto, si la instrumentalización del mercado a través de la mercantilización de la fuerza de trabajo produce una forma de poder basada en la propiedad del capital, la instrumentalización de la organización puede dar lugar a "otro poder" igualmente pernicioso. Ya no el poder de los capitalistas sobre el mercado, sino el poder de definir las normas, trazar el espacio y el tiempo, dirigir los cuerpos y las almas, decidir los ritmos de la producción, dibujar las casillas de lo permitido y lo prohibido, etc. Bidet lo define como un poder de "competencia-y-dirigencia", no tanto en el sentido de que sus detentores sean más hábiles, más sabios o más capaces que los demás, sino en el sentido de que han recibido la facultad de dirigir tal o cual aspecto en el ámbito de la organización social.

Sin duda, Marx nos dio la clave para entender el poder del capital sobre el mercado, pero nos dice muy poco sobre el funcionamiento de ese "otro poder", el poder de "competencia-y-dirigencia" en la organización. Para Bidet, es precisamente sobre este punto donde gente como Foucault y Bourdieu pueden ayudarnos a complementar la teoría crítica de la modernidad abierta por Marx. En efecto, Bourdieu nos ha explicado cómo es que el poder jerárquico de la organización es reproducido socialmente, mientras que Foucault ha analizado cómo es que el poder para gobernar las conductas de otros se ejerce coherentemente en el marco de dispositivos de saber-poder. De esta forma, una teoría crítica de la modernidad puede ser pensada ahí donde se entrecruzan Marx y Foucault.

Pero regresemos un instante a la Sección 1 del primer tomo de *El Capital*. Como se recordará, el estatuto del objeto analizado en ese momento de la exposición no resultaba del todo claro. Aunque Marx analiza la lógica de producción mercantil como un entramado económico, jurídico y político donde la racionalidad del mercado nos coloca ante unos sujetos supuestamente libres e iguales, esta realidad no parece corresponder ni a la superficie del capitalismo, ni, propiamente hablando, a su estructura. Cabe preguntarse, entonces, ¿a qué hace referencia esta parte de la exposición? Bidet afirma que la Sección 1 nos coloca ante la "metaestructura" del modo de producción capitalista, ante su "presupuesto" "puesto". En efecto, sin la lógica de producción mercantil, la estructura capitalista no podría existir (en ese sentido la presupone), pero, al mismo tiempo, es sólo en el capitalismo donde esta lógica se generaliza (en ese sentido la pone, la produce). De ahí que, en sentido estricto, la Sección 1 no haga referencia ni a la infraestructura, ni a la superestructura del modo de producción capitalista, sino a su "metaestructura", a aquello que estando "más allá" de la estructura capitalista, sin embargo le resulta indispensable.

No obstante, Bidet cree que es necesario ampliar y corregir este planteamiento tomando en cuenta el papel de la organización en la configuración de las sociedades modernas. De entrada, la teoría de la modernidad abierta por Marx se amplía al mostrar que el mercado y la organización forman parte de la "metaestructura", no sólo del modo de producción capitalista, sino de las sociedades modernas como tales. En efecto, en la medida en que los procesos sociales se vuelven más complejos, el mercado y la organización se presentan como las dos únicas formas de coordinación social capaces de relevar los acuerdos discursivos inmediatos. Ciertamente, en *El Capital* Marx acertó al describir la modernidad como el lugar en el que ambas mediaciones entran en contacto, sin embargo, como vimos, lo hizo apelando a una secuencia que nos llevaría de la sujeción mercantil a la emancipación en la organización planificada. En realidad, la modernidad sólo puede ser pensada en términos teóricos como la co-imbricación, en el dominio económico, y la co-implicación, en la esfera política, del mercado y la organización. Aunque de formas distintas, el mercado siempre está imbricado en procesos de organización jurídico-políticos y la organización política siempre está implicada en procesos mercantiles donde se distribuyen los recursos económicos. De manera que el "presupuesto" "puesto" de la estructura social moderna no se agota en la lógica de producción mercantil, sino en la articulación del mercado y la organización como las dos formas de coordinación social que supuestamente prolongan los acuerdos discursivos inmediatos entre personas libres e iguales.

Sin embargo, la "metaestructura" no expresa la constitución real de las sociedades modernas, sino su referencia, la declaración de aquello que pretenden ser, su ficción de Razón. El acierto de Marx consistió en mostrarnos que en las sociedades capitalistas esta Razón se encuentra instrumentalizada por la lógica del capital. No obstante, habría que mostrar que no sólo es el mercado el que se vuelve un instrumento para la obtención del plusvalor, sino también la organización. De ahí que en el capitalismo ambas mediaciones se vean transformadas en "factores de clase". En ese sentido, la representación de la sociedad moderna como una sociedad dividida en clases sigue siendo esencial para el análisis de la modernidad. Sin embargo, la constatación del poder de "competencia-y-dirigencia" en la organización nos lleva a concluir que la clase dominante o, en otras palabras, la clase de los que "están arriba" en la jerarquía social, se compone de dos polos definidos por el tipo de privilegio al que tienen acceso sus representantes: el polo del poder del capital y el polo del poder de "competencia-y-dirigencia".

Del otro lado, la clase fundamental o la clase de los "sin privilegio", tampoco es homogénea, se divide en distintos grupos y en estratos que se definen según la posición ocupada en las adquisiciones sociales, los derechos obtenidos, etc., o de acuerdo a factores como el género o la raza, los cuales no dejan de establecer diferencias significativas. Sin embargo, si se puede hablar de *una* clase fundamental es porque, a pesar de sus enormes diferencias, sus miembros carecen de los privilegios que provienen del control del poder del capital o el poder de dirigencia.

Todavía más, por paradójico que pueda parecer, las clases no participan en la lucha de clase, quienes lo hacen son grupos que se desarrollan en su interior (la patronal del sector minero, los obreros de la gran industria, etc.). En realidad, las clases no son identidades políticas en sí mismas, sino escisiones definidas por la capacidad o incapacidad de acceder a los privilegios del capital y la "competencia". De tal forma que la clase fundamental no es un sujeto político, la constitución de grupos con mayor o menor fuerza para intervenir en la lucha de clase depende de la elaboración de estrategias, de la consolidación de formas de organización más o menos efectivas, de la construcción de hegemonía, etc.

Con todo, la ficción de Razón moderna opera como el plano de fondo de las luchas sociales modernas. De un lado, la clase dominante afirma que, tal como se estructuran actualmente, el mercado y la organización materializan las aspiraciones de libertad e igualdad. Del otro lado, la clase fundamental o, mejor dicho, los grupos que se organizan en su interior, suelen compartir esta referencia a la igualdad y la libertad, pero como aquello que "debería ser" y "no es", aquello por lo que hay que luchar. Bidet denomina a esto la "anfibología de las sociedades modernas", pues la "metaestructura" opera como una referencia compartida por ambas clases, aunque su significado se encuentra en una disputa permanente.

De esta forma, el proyecto de la clase dominante consiste en mostrar que la instrumentalización del mercado y la organización expresa los ideales de libertad, igualdad y racionalidad, propios de la modernidad. En cambio, el proyecto de la clase fundamental no sólo consiste en evidenciar la falsedad de esta posición, sino en proponer un régimen social distinto. Este régimen ya no puede imaginarse como el resultado de la sustitución del mercado por la organización, sino como el gobierno del mercado por la organización y de la organización por la palabra democrática compartida entre todos, con la finalidad de establecer condiciones de libertad e igualdad reales.

Ahora bien, Bidet señala que la aproximación "metaestructural" debe ser complementada con una aproximación sistémica. Esto es así porque la estructura de las sociedades modernas no puede dejar de entrelazarse con la dimensión del Sistema-Mundo. Analíticamente, la estructura y el sistema hacen referencia a realidades distintas: el análisis de la estructura moderna de clase nos remite a un tipo de apropiación privada de los medios de producción, mientras que el análisis sistémico nos dirige a una forma de apropiación privativa del territorio por comunidades nacionales o de otro tipo. De hecho, en el plano del sistema no existe ninguna referencia "metaestructural" a los supuestos de libertad e igualdad, sino una lógica de guerra permanente; tampoco hay lugar para un relato que nos plantee la abolición de las relaciones de clase, sino la búsqueda simple y llana de un *optimum*, de un equilibrio más o menos racional entre las distintas fuerzas.

Con todo, Bidet señala que en las últimas décadas hemos asistido a una transformación de época donde la estructura y el sistema se nos presentan como las dos dimensiones de un mismo proceso. Se trata de la tesis del Estado-mundo, una tesis que no alude a ninguna utopía (o, más bien, a ninguna distopía), sino a una realidad que actualmente se encuentra en curso. El Estado-mundo se constata en la emergencia de una institucionalidad supranacional entrelazada con un mercado global en un proceso que tiende a extenderse a todo el planeta. Como ocurre con los Estados-nación capitalistas, este Estado-mundo también se encuentra dividido en una clase dominante y una clase fundamental de carácter mundial. De esta forma, las mediaciones del mercado y la organización, instrumentalizadas como factores de clase, se hallan implicadas en la última escala territorial posible: el planeta entero. Nos encontramos, por tanto, en la era de la Ultimodernidad.

Ahora bien, este Estado-mundo también debe ser pensado como una condición de posibilidad para la emergencia del régimen neoliberal. De hecho, lo que distingue al neoliberalismo del liberalismo tiene menos que ver con una diferencia de postulados teóricos que con su carácter mundial. En efecto, a partir de las décadas de 1970 y 1980, la crisis del keynesianismo, el ascenso de figuras como Reagan y Thatcher, la debacle de la clase obrera, y, sobre todo, la revolución informática, apuntalaron las condiciones para el cumplimiento del sueño liberal: la dictadura del capital como principio del orden mundial. De ahí que, para Bidet, la constitución del nuevo Estado-mundo sea una constitución neo-liberal que se impone de a poco en los Estados-nación, los cuales se ven obligados a someterse a las normas de las instituciones supranacionales y a las exigencias del mercado global.

Pero, al pasar del dominio nacional al mundial, tanto la capacidad organizativa de los grupos que constituyen la clase fundamental, como su fuerza para influir en la toma de decisiones se ven seriamente debilitadas. Lo mismo ocurre con el polo de los "dirigentes-y-competentes", quienes, en el régimen del Estado social, habían logrado ejercer su poder de organización en una alianza siempre frágil y contradictoria con la clase fundamental (establecimiento de derechos sociales, regulación de los mercados financieros, limitación de los grandes capitales); sin embargo, ahora se encuentran supeditados casi absolutamente a las directrices del capital global.

Con todo, en el Estado-mundo también se vislumbra la posibilidad de construir procesos locales que tengan resonancias globales. Las protestas contra la clase dominante de una nación repercuten al otro lado del mundo en una vinculación de clase que aún hace falta construir. En cualquier caso, la clase fundamental no sólo habrá de enfrentar a una clase dominante mundial, sino a un hecho nunca antes imaginado: el ecocidio planetario. La idea de la Ultimodernidad no sólo hace referencia al hecho de que más allá del planeta no hay más territorio que conquistar, sino a la terrible constatación de que el planeta mismo se encuentra en riesgo de muerte. De esta forma, la lucha por la emancipación de la clase fundamental es también la lucha por la conservación de nuestro mundo.

Estas son sólo algunas de las ideas que Bidet desarrolla en los siguientes textos. En ellos, como hemos señalado, el lector encontrará el resultado de más de tres décadas de un riguroso trabajo intelectual. Un trabajo que intenta actualizar la teoría de Marx para hacer frente a los retos de nuestro tiempo.

No queremos terminar estas líneas sin agradecer el apoyo del propio Jacques Bidet para la realización de este libro, las conversaciones que sostuvimos con él durante nuestra estancia en París y los textos de su autoría que nos facilitó fueron de gran ayuda para llevar a buen término este proyecto.

Ciudad de México, junio 2016

El Capital, ¿una teoría crítica?*

Presuntamente *El Capital* plantea una teoría del modo de producción capitalista. Y tiene como subtítulo "Crítica de la economía política". Sin embargo, ¿qué debemos entender bajo los términos de "teoría" y de "crítica"?, y, ¿qué relaciones debemos establecer entre una y otra? Podríamos pensar que la teoría corresponde a los investigadores de las ciencias sociales, en primer lugar a los economistas, y la crítica a los filósofos, juristas, etc. No obstante, esta división del trabajo parece algo problemática. Porque en *El Capital* la crítica pretende fundarse sobre la teoría, admitiendo que aquella sólo tiene valor si la teoría lo tiene como tal; mientras que desde el principio la teoría se presenta como crítica, es decir, como si no tuviera un objeto propio más que desde el punto de vista de la crítica. Esta dificultad se traduce en relaciones ambiguas entre las pretensiones teóricas y las pretensiones críticas, y, por lo mismo, entre quienes asumen la carga de cada una de ellas. Además, tiende a resolverse en confusiones dialécticas o en arreglos eclécticos que neutralizan a la vez la teoría y la crítica. Por lo tanto, parece requerirse una coherencia de pensamiento si

---

* Traducción de Ricardo Bernal Lugo. El presente texto de Bidet ha sido publicado en varios idiomas: en francés en la revista *Contretemps* en febrero de 2016; en inglés en *Crisis and critique*, vol. 3, núm. 2; y en chino en *Contemporary Marxism Review*, vol. 13, diciembre de 2016.

aspiramos a una práctica colectiva orientada hacia la emancipación de las relaciones de clase.[1]

I. ¿Qué clase de teoría expone *El Capital*?

En *El Capital*, Marx propone una obra de "ciencia" (social, histórica) en el sentido moderno del término. Realismo científico constructivista: *construye* un aparato conceptual porque la complejidad de lo *real* no puede ser conocida más que bajo esta condición. Desde mi punto de vista, sería un error suponer que el proyecto de teoría de la "ciencia" (social) presentado en *El Capital* se limita al de una teoría *económica*. En realidad, Marx define la economía capitalista en el cuadro de un programa teórico más amplio, el cual domina la exposición económica a la que consagra su obra mayor. Esto se explica muy particularmente en el célebre prefacio a la *Contribución a la Crítica de la Economía Política*, de 1859. Ahí, Marx presenta el "hilo conductor" que lo guía y que no cesará de guiarlo.[2] Un "hilo de Ariadna" que se le propone a quien quiera seguir el hilo de la

---

[1] El análisis que aquí presento se puede leer como un diálogo imaginario con algunos autores que han interactuado en el espacio de la revista *Actuel Marx*; especialmente, y con títulos muy diversos, Étienne Balibar, Gérard Duménil, Stéphan Haber, Emmanuel Renault y Franck Fischbach. Les agradezco las múltiples incitaciones que han aportado a mi trabajo.

[2] Bidet hace alusión al célebre pasaje de Marx: "El resultado general que obtuve y que, una vez obtenido, sirvió de hilo conductor de mis estudios puede formularse brevemente de la siguiente manera. En la producción social de su existencia, los hombres establecen determinadas relaciones necesarias e independientes de su voluntad, relaciones de producción que corresponden a un determinado estadio evolutivo de sus fuerzas productivas materiales". (Marx, K. *Contribución a la Crítica de la Economía Política*, Siglo XXI, México, 2005, p. 4). [N.E]

historia. Sin embargo, esta metáfora lineal está vinculada a una metáfora espacial, esto es, a la representación de la sociedad como edificio, como estructura articulada en *infra* y *super*.[3] Como sabemos, la *infraestructura económica* es comprendida como la articulación de lo tecnológico ("fuerzas productivas") y lo social ("relaciones sociales de producción": propiedad, control de la producción, repartición de lo producido, etc.). La *superestructura jurídico-política* designa, por su parte, la articulación de instituciones y de representaciones, ideológicas y culturales, implicadas en esas relaciones de producción.

La metáfora arquitectónica sugiere que la *política descansa sobre la economía* (que "la determina en última instancia", pero entonces debemos saber qué puede significar esto y valorar semejante enunciado). Sin embargo, dicha metáfora también permite entender que las tecnologías son ininteligibles fuera de sus vínculos con las relaciones sociales de producción, de la misma manera que éstas los son fuera de sus vínculos con la superestructura jurídico-política, *piedra angular que sostiene todo el edificio*. La "teoría", en el sentido fuerte del término, tiene por objeto la relación entre todos estos términos: es decir, el "fenómeno social total" (si se me permite retomar en este sentido tal expresión) en todas sus interrelaciones y a partir del cual podría ser afrontada una "práctica", esto es, un proyecto estratégico de emancipación de las relaciones de clase. Así comprendida, la teoría no tiene la pretensión de sustituir a las ciencias sociales particulares. Su propósito es ponerlas en re-

[3] En efecto, la exposición del "hilo conductor" viene inmediatamente acompañada del siguiente pasaje: "La totalidad de esas relaciones de producción constituye la estructura económica de la sociedad, la base real sobre la cual se levanta un edificio [*Uberbau*] jurídico-político, y a la cual corresponden determinadas formas de conciencia social" (*Ídem*). [N.E]

lación entre sí y vincularlas con una crítica orientada hacia una perspectiva política. Es en este sentido que hablamos de una "teoría crítica". No obstante, falta saber bajo qué condiciones puede ser concebida.

En sí misma esta cuestión presenta dos aspectos: el de la "ciencia" y el de la "crítica". Plantearé entonces dos tesis.

En primer lugar, del lado de la "ciencia". Si nos remitimos al "hilo conductor" planteado por Marx debemos reconocer que *El Capital* no sólo tiene por objeto una "teoría del modo de producción capitalista", comprendida como una *ciencia de la infraestructura económica*, sino que ésta última se despliega en el cuadro de una *teoría general* (infra-super-estructural) de la *sociedad moderna*. Sociedad que, a lo largo del Postfacio a la segunda edición del Libro I, Marx designa de forma alternada como "capitalista", "burguesa" o "moderna", vinculando fuertemente estos tres términos (pp. 23-25, 29[6-8]).[4] De tal forma que en *El Capital* encontramos una teoría *general* de la sociedad moderna (en tanto burguesa-capitalista) y una teoría *particular* (infraestructural) de su economía, ambas incluidas en el registro de la *ciencia* social. Esto significa que una y otra deben responder a las mismas exigencias epistemológicas y deben ser discutidas sobre el terreno de la cientificidad (social): confrontadas, por lo tanto, a la cuestión de lo verdadero y lo falso.

De manera correlativa afirmamos que sólo a partir de esta construcción teórica infra-super-estructural podemos aprehender *El Capital* como discurso *crítico*. El científico-teórico [*savant-théoricien*] no se desdobla en un filósofo-crítico

[4] Las referencias a *El Capital* nos dirigen al Tomo 1 de la edición en ocho volúmenes: Marx, K. *Le Capital*, Éditions sociales, Paris 1978. (La indicación de las páginas en español se hará entre corchetes y se basa en la edición de Pedro Scaron publicada por Siglo XXI). [N.E]

cuya tarea consistiría en juzgar un orden económico previamente descrito. La crítica que el "Marx de madurez" pone en marcha no está por encima del discurso de la "ciencia" y tampoco viene de su exterior. La crítica es *inmanente a la teoría* en la medida en que es planteada como inmanente al orden social moderno que la propia teoría define. *La teoría marxiana define una sociedad de clase a la que le es inmanente un potencial de autocrítica.* Pero esto sólo es posible porque dicha teoría tiene por objeto la relación entre el orden político, que contiene semejante pretensión crítica, y el orden económico. Es aquí donde surgirán los problemas entre el economista y el filósofo.

II. *El Capital* para los economistas

Marx escribe en un tiempo en el que diversas ciencias sociales han entrado en auge -sociología, economía, historia, psicología, antropología-, a partir de ese tronco común que durante mucho tiempo fue la "filosofía" y del cual ellas se están separando. En la economía, el paso ya ha sido dado con Ricardo y Marx no retrocederá. Sin embargo, hará las cosas de tal modo que, en esta separación, la relación con la filosofía no terminará de romperse y las diversas ciencias sociales no se perderán de vista entre sí -haciendo que la explicación mantenga contacto con la comprensión. En ese sentido, la ciencia económica de Marx no es "positivista".

Como sabemos, *El Capital* no tiene la ambición de producir un "tratado de economía" válido para "la sociedad" en general, sino una "teoría" de la economía capitalista, la cual prevalece durante un periodo histórico determinado. No obstante, esta preocupación económica se coloca desde el principio en el contexto del conjunto "infra-super-estructural". Y sólo se autonomiza (relativamente) de forma paulatina en el desarrollo de la exposición hasta volverse puramente "técnica" y terminar por concentrarse en la "infraestructura". No es azaroso que los filósofos, los juristas e incluso los sociólogos y los historiadores estén principalmente interesados en las primeras secciones del Libro I, aun cuando luego de formas diversas hayan trabajado otras partes de *El Capital* y otras obras de Marx. Esos enunciados primordiales los interrogan más inmediatamente ya que, en el preámbulo, la matriz infra-super-estructural está presente en su unidad constitutiva. Eso es lo que debemos mostrar.

De hecho, Marx no comienza su exposición por los conceptos más generales (transhistóricos) del nivel que designaremos como N1, es decir, el del trabajo en general -este planteamiento sólo aparece en el primer parágrafo del capítulo 7 del Libro 1: "El trabajo productor de valor de uso".[5] Más bien se dirige inmediatamente a su objeto específico "el modo de producción capitalista", cuya existencia depende de un tipo particular de sociedad. Sin embargo, en el comienzo Marx se sitúa en el nivel N2 que, aunque es constitutivo del capitalismo, no le es enteramente propio, ya que la relación social que define el nivel N2 preexiste al capitalismo desde hace milenios, aquí y allá, ejerciendo una influencia usualmente limitada aunque a

[5] Bidet hace referencia a la edición francesa, la cual no coincide con las traducciones al español que generalmente se basan en la segunda edición alemana. Los "conceptos más generales", como los caracteriza Bidet, deben localizarse en el Capítulo V de esta segunda edición titulado "Proceso de trabajo y proceso de valorización". En la cuarta edición alemana este capítulo se divide en dos partes: la primera de ellas titulada *Proceso de trabajo* y la segunda *Proceso de valorización*. Bidet se refiere específicamente a la primera parte (Marx, K. *El Capital*, tomo I, vol. 1, Siglo XXI, México, 2005, pp. 215-225). [N.E]

veces decisiva sobre el proceso productivo en su conjunto. Nos referimos a la relación mercantil de producción.[6] Es verdad que en el nivel N2 se aborda, en principio, la cuestión del *capitalismo*; sin embargo, éste es presentado en su cuadro más "general", en su momento más "abstracto" (para decirlo en la terminología de Marx), a saber: la forma *mercantil* en la que el capitalismo se hallará inscrito. Posteriormente Marx va a mostrar cómo es que la forma mercantil se vuelve el objeto de una "transformación" específica, es decir, de una determinación ("concreta") mediante la cual se define propiamente el capitalismo, nivel N3 de la exposición. Esto es lo que se juega en las tres primeras secciones del Libro I. El desafío de esta secuencia es la articulación entre los niveles N2 del *valor*, objeto de la Sección 1, y N3 del *plus-valor* (o sobrevalor), objeto de la Sección 3, mediante la transformación, expuesta en la Sección 2, del primero en el segundo. Sin embargo, los economistas y los filósofos no comparten la misma visión sobre esta secuencia.

Incluso aquellos economistas que no juzgan pertinente esta teoría pueden seguir fácilmente el camino lógico (no histórico) que se propone en ella yendo de lo simple a lo complejo. En la Sección 1, Marx parte de la hipótesis de una lógica de producción puramente mercantil, donde la concurrencia[7] se organiza entre productores independientes, incitados a producir

[6] Véase, por ejemplo, el capítulo "Las economías de mercado en Europa y en Asia" en: Pommeranz, K. *Une grande divergence*, Albin Michel, Paris, 2010, pp. 123-177.

[7] Para evitar confusiones, hemos decidido traducir todas las palabras derivadas del sustantivo francés *concurrence* con los derivados del sustantivo castellano "concurrencia", a pesar de que lo más habitual sería usar el término "competencia". Esta decisión se debe a que hemos reservado la palabra "competencia" para el concepto de *compétence* que Bidet utilizará de manera muy específica para caracterizar lo que denomina "poder de competencia". [N.T]

en el menor tiempo los productos demandados en el mercado. En este nivel abstracto, la concurrencia se establece alrededor del valor, definido por el "trabajo socialmente necesario" en condiciones técnicas y sociales determinadas. Después, en la Sección 3, Marx toma en consideración que hay quienes poseen los medios de producción y, por lo mismo, la situación se vuelve más compleja: los constreñimientos del mercado subsisten, pero la concurrencia ya no se establece alrededor del valor sino alrededor del plus-valor en una lucha donde sólo prevalecen quienes llegan a acumular el máximo beneficio. En este cuadro analítico, la coherencia entre la teoría del valor-trabajo y la del plus-valor se debe a que la plusvalía sólo puede provenir del hecho de que el asalariado trabaja más tiempo del necesario para producir los bienes que puede adquirir mediante su salario.

Sin embargo, se puede observar que esta coherencia de la teoría marxiana del "valor-trabajo" no autoriza convertirla en un principio de cálculo empírico. Marx explica esto en las Secciones 1 y 2 del Libro III. Por un lado, los capitalistas no tienen ninguna necesidad de ello para sus cálculos racionales. Lo que les interesa en términos prácticos no es la *tasa de explotación o tasa de plus-valor,* PL/V, relación entre trabajo "no pagado" y trabajo "pagado", sino, al contrario, la *tasa de ganancia,* PL/C+V,[8] relación entre la ganancia y el capital comprometido, cuya expresión no necesita los conceptos (marxianos) de valor y de plus-valor implicados en PL/V. "*Es indiferente para el capitalista considerar que él adelanta el capital constante para obtener beneficio del capital variable o que él adelanta ese capital variable para poner en valor el*

[8] Donde PL significa plusvalía, V, capital variable, correspondiente al salario pagado, y C, capital constante, costo en insumos materiales.

capital constante",[9] escribe Marx al principio del capítulo 2 del Libro III.

Por el otro lado, las mercancías capitalistas no se intercambian "a su valor", sino en función de eso que Ricardo ya había denominado como los "precios de producción" determinados, según los mecanismos de la concurrencia, por "los costos de producción + el beneficio medio". En consecuencia, los economistas que se remiten al marxismo no se ven conducidos a proponer imposibles "cálculos del valor". Ellos utilizan los datos estándar de la economía, pero tomando como "hilo conductor" el análisis socio-económico de Marx, según el cual los capitalistas no tienen otra lógica que la ganancia y su acumulación -con las contradicciones sociales que de ello se desprenden. Ellos pretenden describir las consecuencias sobre la reproducción del capital, sobre las crisis, sobre las relaciones entre ganancia, renta e interés, etc.[10]

Ciertamente, el economista va a encontrarse confrontado con categorías jurídico-políticas ya que las categorías económicas se encuentran insertas en ellas inextricablemente. Esto es así debido a que la infraestructura presupone siempre la superestructura. Sin embargo, la elaboración que le es propia al economista va a exigir que haga un trabajo de abstracción en la conformación de figuras ulteriores como las de la reproducción, la acumulación (Libro I), la circulación (Libro II), la división del plus-valor en beneficio, interés y renta, la crisis (Libro III). El trabajo de la "ciencia económica" consiste en volverse autónoma sin que ello quiera decir que no hayan vasos comunicantes entre las cuestiones económicas y sociopolíticas. Sin embargo,

---

[9] Marx, K. *El Capital*, tomo 3, vol. 6, Siglo XXI, México, 2009, p. 49. [N.E]

[10] Para una explicación más detallada sobre estos dos puntos, véase mi libro *Que faire du capital?* (PUF, Paris, 1998, pp.180-185).

la construcción económica sigue un camino propio, analizando progresivamente la estructura capitalista, las condiciones de su emergencia y sus tendencias históricas. Así, el economista tendrá derecho a leer *El Capital* como una *teoría del capitalismo* que se desarrolla lógicamente, del comienzo al final, por determinaciones sucesivas, en un discurso económico.

III. *El Capital* para los filósofos

Frente a este comienzo "mercantil" de *El Capital* los filósofos se encuentran confrontados a otros problemas. En efecto, ellos descubren allí un número de conceptos que exceden el campo de la "economía", y que no pueden considerarse como evidentes o como si estuvieran ahí como un simple apoyo –sobre todo si comprendemos que todo lo que se plantea en ese comienzo concierne al capitalismo y no solamente a alguna sociedad anterior. El concepto económico de producción mercantil N2 se inscribe, de una forma muy clara, en el contexto de un supuesto de relaciones jurídico-políticas entre socios productores-intercambistas [*producteurs-échangistes*], que, al menos *bajo esta relación,* se consideran como "libres", "iguales" y "racionales". Al respecto véase la burla de Marx al final del capítulo 6: "Libertad, Igualdad, Propiedad y Bentham". Sin embargo, el pasaje a N3 invierte la situación pues nos introduce en una relación de explotación y de dominación por parte de una clase sobre otra. Así, eso que para los economistas es una simple *complejización* del modelo, para la filosofía constituye una triple *inversión* de la que debe dar cuenta: la de la igualdad en desigualdad, la de la libertad en sujeción, la de lo racional en irracional.

Como se puede prever, explicar la relación entre N2 y N3 (esto es, entre la Sección 1 y la Sección 3) es un verdadero reto. Aunque el comentario filosófico siempre se halla envuelto en esta cuestión, opera según dos vías que desde mi punto de vista siguen siendo, la una y la otra, fundamentalmente inadecuadas.

Según la primera -llamémosla solución "ecléctica"- que prevalece en la presentación habitual de *El Capital*, especialmente cuando está a cargo de los filósofos, Marx comenzaría por la "superficie", por el "fenómeno", en el sentido de aquello que es inmediatamente visible. A la Sección 1 entonces solamente le concerniría el "proceso de circulación": ella analizaría las normas del *intercambio* sobre el mercado y las relaciones entre las mercancías y el dinero, conforme a la figura M-D-M. Ahora bien, a través de la Sección 2 accederíamos al "*proceso de producción*" expuesto en la Sección 3: la secuencia D-M-D′ en la que emerge un plus-valor a partir del intercambio. Es decir, el *plus* "′" de D′, no sería inteligible más que a condición de que entre en juego una mercancía M particular, la "fuerza de trabajo", la cual es comprada para ser puesta a trabajar en un proceso de producción P del que surge un *plus* de valor (porque el tiempo de trabajo efectuado en el periodo considerado es más largo que el necesario para la producción de los bienes que procura el salario correspondiente). Así, llegaríamos a una secuencia D-M-P-D′ donde "P" representa el proceso de *producción propiamente capitalista* en tanto que genera un proceso de sobrevalor en forma de plusvalía. Es verdad que, formulada así, semejante aproximación conduce, al igual que la de los economistas, a identificar la explotación con la fuerza de trabajo, comprendida como principio de acumulación de capital. Sin embargo, lo hace sugiriendo que la Sección 1 tendría por objeto la *circulación* (mercantil) y la Sección 3 la *producción* (capitalista), y que pasaríamos así del *fenómeno*, es decir, de las relaciones de intercambio (que existen antes del capitalismo pero se generalizan en él), a la *esencia*, es decir, a la *relación* de clase. Esta lectura produce una suerte de trivialización del propósito de Marx que termina por vaciar una parte de su potencial (como se verá, esto vale especialmente para el concepto de "fetichismo", el cual va a hallarse estrechamente vinculado a este orden "fenoménico").

En realidad, no es así como podemos comprender la teoría de Marx. La Sección 1 no sólo tiene por objeto la "circulación" mercantil, sino también, y en principio, aquello de lo cual ella es el correlato: *la producción mercantil*. La relación mercantil de producción (N2) es aquella que vincula en un mercado a los productores autónomos en concurrencia. En el inicio de *El Capital* se trata efectivamente del capitalismo, pero considerado en la *lógica de producción* N2 que le es inherente, aun si, como se descubre enseguida, el capitalismo la reconfigura, la "transforma", la desvía hacia otra lógica de producción N3, vinculada al uso de una mercancía específica: la fuerza de trabajo. En resumen, este primer momento de la exposición, el de la Sección 1, referido a N2 y correspondiente al valor (llamado valor trabajo), no presenta una simple teoría de la "circulación", sino una teoría de la producción (mercantil), entendida como la lógica social racional que funge como plano de fondo del capitalismo.

Esta primera lectura[11] es esencialmente inadecuada debido a que devalúa la Sección 1: al desaparecer el *concepto*

[11] Las confusiones que ella contiene mantienen una incomprensión especialmente del camino andado entre los *Grundisse* y *El Capital*, y entre la

abstracto de producción mercantil condena a una cierta evanescencia el complejo jurídico-político ahí entrelazado. Dicha lectura es ecléctica en el sentido de que depende de un bricolaje que sólo retiene una lógica *de intercambio* en la relación mercantil, sin implicarla en una lógica *de producción* (de valores de uso), con lo cual otorga una visión sumamente miope de su relación, compleja y socialmente contradictoria, con la lógica capitalista de *acumulación* (de plus-valor). Para salir de este tranquilo eclecticismo no es suficiente reconocer que en dicha Sección se trata de la lógica mercantil de producción, la cual precede al capital aunque sólo se verifica plenamente en él. Es necesario entrar a la compleja serie de problemas teóricos que se derivan de la contradictoria relación económico-política entre lógica social mercantil y lógica social capitalista. Desde mi punto de vista, esto sólo puede hacerse a través de eso que designo como aproximación metaestructural.[12]

---

primera y la segunda edición de este último. Véase mi libro *L'État-monde* (PUF, Paris, 2011, pp. 36-51).

[12] Hace más de cuatro decenios, en el capítulo VI de *Que faire du Capital?*, presenté esta lectura según la cual el objeto de esta Sección es la lógica de la *producción* mercantil como tal. Y lo hice contra todas las interpretaciones propuestas por los comentaristas filósofos. Esta idea no se encuentra ni en los comentarios hegelianizantes, de lejos los más numerosos, así fueran rusos, alemanes, franceses o italianos, ni en los trabajos filológicos en lengua inglesa. Esta lectura ha obrado de forma subterránea, puesto que hoy se la retoma en algunas presentaciones de la teoría de Marx, sin que sus consecuencias, por lo demás, hayan sido extraídas verdaderamente. Algunos enunciados se encuentran en ciertos economistas, como Sweezy; sin embargo, en su caso sólo se trata de la construcción, comprendida de forma distinta, del concepto económico que iría de lo más simple (el mercado) a lo más complejo (el capital). En lo que corresponde a la dimensión *política* que le es inherente hace falta dar cuenta, a la vez, de la "inversión" de la igualdad y la libertad en su contrario "desigualdad" e "ilibertad" *[illiberté]*, y también del hecho de que la dominación de clases no puede ejercerse por fuera de ese presupuesto [de igualdad-libertad y racionalidad] que le es estructuralmente

Ahora bien, al contrario de lo que ocurre con la primera solución, la segunda *sobrevalora* la Sección 1. Llamémosla solución "dialéctica".[13] Se presenta con agrado como una novedad, consiste en hacer de la *teoría del valor* localizada en la Sección 1 -y no de la teoría del plusvalor localizada en la Sección 3- el eje de la crítica a la "economía política" y a la sociedad capitalista. En un tiempo en el que tememos más "no ser explotados" (no encontrar empleo asalariado), que "ser explotados", la crítica tiende a dirigirse hacia la precariedad del trabajador, la mercantilización universal (de los cuerpos en el trabajo, de los saberes humanos y de todo el ambiente natural), la disolución de todos los valores de uso, los valores de la vida, la cultura, las ocupaciones, en las frías abstracciones del cálculo financiero y la pérdida de sentido que deriva de ello. Aunque el tema de la explotación no se olvida por completo, termina por inscribirse en el registro de una mercantilización-abstracción generalizada. En esta solución, la teoría del valor es retomada en términos dialécticos tales que las relaciones de producción capitalistas se presentan como la realización de eso que ya se encontraba en germen en la relación social mercantil. La exégesis de Moishe Postone[14] lleva al extremo esta tendencia observable en diversos títulos y en numerosas presentaciones recientes de *El Capital*, especialmente las que se reclaman de

---

inherente. Es a partir de ello que se desarrolla la teoría metaestructural, expuesta por primera vez en *Théorie générale* (PUF, Paris, 1999) y retomada a partir de *El Capital* en *Explication et Reconstruction du Capital* (PUF, Paris, 2004).

[13] Hay cierta "dialéctica" en *El Capital*, pero, desde mi punto de vista, debe comprenderse de otra manera, a saber: en la relación de "presupuesto-puesto" que pone de manifiesto el análisis metaestructural.

[14] De Moishe Postone existe una obra traducida al español: Postone, M. *Marx reloaded. Repensar la teoría crítica del capitalismo*, Traficantes de sueños, Madrid, 2007. [N.E]

una "nueva dialéctica" *(New Dialectic*, véase Christopher Arthur), o de una "crítica del valor" (*Wertkritik*, véase Robert Kurz). Aquí, el argumento principal se sostiene en la idea de que, en la mercancía, el *valor*, como dato abstracto [*donnée abstraite*] referido al "trabajo abstracto", prevalecería sobre el *valor de uso*, referido al "trabajo concreto". Por lo mismo, el capital ya habría hallado su expresión verdadera en el dinero. Este retorno hacia el valor, que evoca toda una tradición capaz de hacernos remontar hasta Lukács (traductor de temas weberianos en lenguaje marxiano), se presenta como la crítica a un presunto viejo discurso productivista y se reivindica como el alpha y el omega de una ecología marxista.

Pero los textos referidos no se pueden leer así. En realidad, en *El Capital* Marx abandona los temas "dialécticos" explorados en sus trabajos anteriores. Renuncia a la idea, adoptada por él en un principio, de una dialéctica que conduciría de una "forma valor" M-D-M a una "forma capital" D-M-D′. Es decir, a la idea de que se puede comprender la "forma valor", inherente a la relación social mercantil, a partir de su desarrollo en la "forma capital", inherente a la relación social capitalista. Ciertamente, la figura D-M-D′ implica una "transformación" respecto a M-D-M, pero es imposible seguir suponiendo que expresa una "forma" (*Form)*, es decir, una relación social: ella no es más que una "fórmula" (*Formel)* que nos dirige a una representación de la consciencia ordinaria.[15] La contradicción que

[15] Para entender este pasaje se necesita una explicación. Siguiendo a Marx, Bidet denomina "forma social" a la relación entre el ámbito económico y el ámbito jurídico-político, la figura D-M-D′ no nos permite comprender esta relación en toda su complejidad, en realidad, sólo nos otorga una "fórmula" ideológica de la manera en la que la conciencia ordinaria se representa el incremento de dinero en el capitalismo: de entrada, parece ser que el dinero (D) al ser invertido en un conjunto de mercancías (M) produce, por ese sólo

ella contiene (como secuencia de equivalentes engendrando un excedente) no designa una *contradicción real*, sino una simple *contradicción en los términos* que hace falta resolver *[lever]*[16] para llegar al concepto de capital como relación de explotación.[17] Del registro N2 al registro N3, no hay entonces continuidad dialéctica, sino una ruptura cuyo estatuto, sin embargo, hace falta precisar. Cabe señalar que en la última formulación de la teoría del valor -la de la segunda edición alemana y la de la versión francesa "enteramente revisada por el autor", como se lee en la página de cubierta del libro-, en ese momento último de su investigación, Marx abandona la idea de que habría "contradicción" (*Widerspruch)* entre el valor de uso y el valor, esas dos "caras" de la mercancía, "contrapartes" (*Gegenteile)* la una de la otra. Esta idea de una contradicción inmanente al registro N2 de

---

hecho, más dinero (D´). Esta "fórmula" no expresa una "forma social", sino la manera en la cual los capitalistas se representan las cosas. Sin embargo, como señala inmediatamente después Bidet, esta representación no es más que una contradicción en los términos que hay que "resolver". El desarrollo de este argumento se encuentra en: Bidet, J. *Refundación del marxismo. Explicación y reconstrucción de El Capital*, LOM, Santiago de Chile, 2007, pp. 150ss-284ss. [N.E]

[16] Decidimos traducir *lever* como "resolver" y no como "superar" para evitar confusiones. En nuestra tradición filosófica la noción de "superación" nos envía inmediatamente a la idea hegeliana de *Aufhebung,* cuando precisamente en este pasaje Bidet está negando que en la figura D-M-D´ exista una contradicción real susceptible de una interpretación dialéctica (D-M-D´ no es la "superación dialéctica" de M-D-M), más bien hay una contradicción en los términos (¿Cómo puede surgir "´" de la relación D-M?) que hace falta superar pero en el sentido de "resolver", "solucionar". Esa contradicción sólo se "resuelve" si se toman en cuenta las características de la mercancía "fuerza de trabajo". En la edición en castellano de *Refundación…* se traduce de forma literal *lever* por levantar, sin embargo, a nuestro parecer esta traducción es francamente contraintuitiva, véase: *Refundación…*, p. 85. [N.T]

[17] Para una historia filológica detallada véase mi *Que faire du Capital*?..., pp. 142-150. O, más brevemente, mi *Explication et Reconstruction du Capital*, pp. 101-104 [Bidet, J. *Refundación…*, pp. 149-152].

la lógica de la producción mercantil, que impulsaría una marcha hacia adelante del valor al capital, no tiene cabida en la exposición "positiva" ofrecida por Marx.[18]

La confusión –gravísima- de las lecturas "dialécticas" tiene lugar al superponer dos tipos de abstracción que Marx expresamente se propone distinguir. Por un lado, *la abstracción propia del valor N2*, correspondiente al "trabajo abstracto": ella concierne al trabajo porque *hace abstracción* de todo su contenido concreto particular, otorgándonos aquello que asemeja todos los trabajos, a saber, el gasto de fuerza de trabajo (de "cerebro", de "músculos", de "nervios",…).Y, por otro lado, *la abstracción propia del plus-valor N3*: ella consiste en mostrar que la lógica del capitalista, en tanto propietario (ahora lo llamamos más habitualmente "accionista" o "financiero") no es la producción de mercancías comprendidas como valores de uso, sino, estrictamente hablando, de plusvalor, o, como dice Marx en francés, de *plus-value*, es decir, la producción y la apropiación de una riqueza abstracta. En el análisis de Marx, la abstracción del *trabajo abstracto* se traduce en *el valor*. Una vez que ha expuesto la "relación del valor" en los apartados 1 y 2 del primer capítulo, deduce un análisis del *dinero*: tal es el objeto del parágrafo 3 titulado "Forma de valor". En resumen, el alemán plantea el mercado, relación mercantil de producción, como un dispositivo racional en el que el dinero funciona como la piedra angular. El dinero es esa mercancía universal que permite la circulación de mercancías particulares entre aquellos que las producen o las poseen: esta "abstracción real" [el dinero]

---

[18] Véase, en el pasaje citado aquí arriba de *Explication*... cómo Marx corrige su texto de la primera edición (Marx, K. *Das Kapital*, Verlag von Otto Meissner, Hamburg, 1867, p. 44) a la segunda haciendo desaparecer la idea del desarrollo dialéctico de una contradicción, *Widerspruch*.

hace posible que sus poseedores dispongan de *bienes concretos* para el consumo. En cambio, la abstracción del plus-valor es una "abstracción real" de un género muy distinto. El capital, plus-valor acumulado, es una entidad abstracta que permite a quien la posee *disponer de otros humanos*, de su fuerza de trabajo, para un objetivo que necesariamente consiste en obtener más plusvalía que la del competidor (quien debe desaparecer frente a él), cualesquiera que sean las consecuencias sobre los seres humanos, las culturas y la naturaleza. Es aquí, en el momento N3 de la producción capitalista, y no en el N2 de la relación mercantil de producción, que se sitúa el axioma ecológico de Marx (el capital, no el valor, destruye la naturaleza). Y, de una manera más general, es aquí donde se localiza la cuestión de las relaciones entre lo racional y lo irracional, entre el sentido y el sinsentido, etc.

Tales son, desde mi punto de vista, los dos contextos de interpretación que, a partir de los años sesenta, gobernaron el trasfondo del trabajo filosófico sobre la teoría de *El Capital*. Sus deficiencias, desiguales, es verdad, nos llevan a retomar la exposición de Marx desde el comienzo, al menos si esperamos que esta obra nos abra el camino para una "teoría crítica".

IV. Retomar la teoría y la crítica desde el comienzo

Si el economista y el filósofo se encuentran desfasados respecto a los conceptos de la Sección 1 es porque lo *racional* y lo *ra-*

zonable[19] se desarrollan teóricamente según dos caminos heterogéneos.

En el dispositivo mercantil de producción, el economista lee un modelo *racional*. Semejante racionalidad no consiste en otra cosa sino en que los *productores* se ven *incitados* a producir eficazmente, *informados* de lo que conviene producir, en un proceso cuyo funcionamiento asegura su propio *equilibrio* -y donde el dinero es el *medium* universal. Lo que aquí se halla en juego es el *mercado*, la lógica mercantil (concurrencial) de producción en tanto "forma social" históricamente particular que explica la *mercancía* y la interrelación específica de sus elementos constitutivos: trabajo concreto y trabajo abstracto, valor de uso y *valor*.[20] Así, a pesar de su título, el verdadero objeto del

---

[19] La distinción de Bidet entre lo racional y lo razonable proviene de una larga tradición filosófica que va de Kant hasta Habermas y Rawls. Según el propio Rawls, el primer concepto se vincula a los medios más efectivos para llevar a cabo fines dados (Rawls, J. *Teoría de la Justicia*, FCE, México, 2003, p. 108), mientras que el segundo hace referencia a la capacidad de establecer fines válidos en común. Si lo *racional* está vinculado con aquello que es susceptible de explicación, lo *razonable* se relaciona con aquello que es susceptible de legitimidad. El ámbito económico se relaciona con lo *racional* mientras que el ámbito jurídico-político se relaciona con lo *razonable*. [N.E]

[20] El "valor" en el sentido que le da Marx se define bajo los dos componentes de la relación concurrencial entre productores independientes. 1) La concurrencia *en el seno de un sector* hace que lo que determine el valor sobre el mercado sea el tiempo de trabajo necesario en promedio para una producción determinada (ya que el productor se ve incitado a elevar su productividad por lo menos a ese nivel de rendimiento). *Es así como el valor se define por "el tiempo de trabajo socialmente necesario"* -un dato fluctuante en función de las mutaciones técnicas. 2) La *concurrencia de un sector a otro* nos lleva hacia la producción de mercancías que, por el mismo tiempo de trabajo, generen un plus [de ingresos] [*rapportent le plus*] (un "plus" que se verifica en moneda) -un dato fluctuante, particularmente, por las variaciones en las relaciones de la oferta y la demanda. *Es así que el valor se define por el trabajo abstracto*: abstracción hecha respecto a su objeto particular y a la naturaleza del producto. En resumen, en este comienzo Marx *supone* los

capítulo 1, no solamente es "la mercancía", sino el *mercado*, como forma o lógica de producción: la parte (mercancía) se comprende a partir del todo (mercado). Y el todo es supuesto como algo perfectamente *racional*.

Naturalmente, el filósofo crítico se compromete con una consideración que va en sentido inverso:[21] antes incluso de llegar a las implicaciones del mercado en *la explotación* capitalista (Sección 3), Marx encuentra un conjunto de patologías que le son propias [al mercado], las cuales designa con el nombre de *fetichismo* de la mercancía y *alienación* mercantil (Sección 1).

Desde mi punto de vista, lo que se le ha escapado a los filósofos lectores de *El Capital* es que ese fetichismo procede de un *hecho de razón* [*fait de raison*] inherente a la relación mercantil de producción, a saber: en semejante relación nosotros nos suponemos y pretendemos libres, iguales y racionales. Marx lo explica luminosamente en las primeras páginas del breve capítulo 2. "Las mercancías no pueden ir por si solas a intercambiarse ellas mismas en el mercado" (p. 93[103]): somos nosotros quienes convertimos los bienes en mercancías. Dado que, supuestamente, somos libres, nos imponemos libremente -por un "acto social general", por una "acción social", por un "acto común", porque "en el comienzo era la acción"- un orden social de mercado, un orden en el cual las mercancías parecen

---

conceptos *previos* N1 de trabajo general, en todo momento concreto y abstracto a la vez, de la producción y de la cooperación en general. Y expone los conceptos *primeros* N2, correspondientes a una lógica específicamente mercantil de producción, en la cual el producto se encuentra afectado por un "valor". Este modelo, como atestigua la última versión de *El Capital*, no deja lugar para la contradicción.

[21] Es decir, mientras el economista se preocupa por la racionalidad de aquello que se describe en el Capítulo 1, el filósofo crítico se centra en si es o no razonable. [N.E]

intercambiarse espontáneamente unas con otras. Este acto es un pacto, un "diseño común", *unum consilium*, como da a entender la cita en latín de *El Apocalipsis* retomada por Marx (pp. 96-97 [106]).[22] Un pacto de sumisión "a la Bestia". Sin embargo, es importante tener en cuenta que aquí todavía no se hace referencia al capital: en este estado de la exposición, como insiste Marx en una nota del capítulo 1, §2, aún no se sabe nada de la relación capital/trabajo.[23] Más bien, se trata del *Dinero* en tanto que *medium* del orden mercantil como tal. El mercado, arbitrado por el dinero, es ese fetiche, obra de nuestras manos, fruto de nuestra libre elección, delante del cual nosotros nos inclinamos. Es respecto a esta *ontología* del *fetichismo* (donde el ser es acto) expuesta en el capítulo 2, que el §4 del primer capítulo simplemente nos entrega una *fenomenología*. A través de este pacto fundador del cuerpo social nosotros definimos nuestro *ser-en-acto* común en virtud de la lógica mercantil.[24]

---

[22] Bidet se refiere a la siguiente cita de Marx del *Apocalipsis*: "Illi unum consilium habent et virtutem et potestatem suant bestiæ" [Éstos tienen un mismo propósito y entregarán su poder y su autoridad a la bestia"] (Marx, K. *El Capital*, tomo, I, vol. 1, p. 106). [N.E]

[23] La nota a la que hace referencia Bidet dice literalmente: "Ha de advertir el lector que aquí no se trata del *salario* o valor que percibe el obrero por una jornada laboral, sino del *valor* de la mercancía en que su jornada laboral se objetiva. En la presente fase de nuestra exposición, la categoría de salario aún no existe en modo alguno". *Ibid.*, p. 55. [N.E]

[24] La nueva interpretación que aquí propongo, fundada sobre el Capítulo 2, evidentemente no sustituye la aproximación "fenoménica" formulada en el Capítulo 1, IV, que describe un mundo de ilusiones secretas debido a una mercantilización generalizada: un mundo de cosas intercambiándose entre ellas como si se tratara de su naturaleza y en el que se ocultan las relaciones de producción subyacentes. Sin embargo, [la interpretación que propongo] vincula [la aproximación "fenoménica"] a una ontología social que es su condición real, todavía más oculta. Se observará que ella todavía no figura en *Explication*... [*Refundación*...] cuyo §E141 debe ser corregido en ese sentido.

Así, la alienación mercantil es definida como una autodesposesión. Pero la contradicción interna de este orden mercantil no se halla en su propia lógica, que, como vimos, resulta perfectamente *racional* -al menos en el estado N2, en cuyo análisis todavía no ha sido construido el concepto N3 de la mercantilización de la fuerza de trabajo. Al contrario, la contradicción se encuentra en el hecho de que, al entregarnos a la lógica del mercado, perdemos cualquier control sobre nuestra existencia común. En efecto, somos presuntamente libres bajo una ley (del mercado) a la que -por un acto primordial en el que presuntamente se expresa nuestra libertad- nos terminamos sometiendo *como a una ley natural*. Ahora bien, sólo podemos salir de esta contradicción,[25] sólo podemos salir de la caverna, si llegamos a *representarnos* quiénes somos y qué podemos ser. Si la alienación es una autodesposesión debemos preguntarnos ¿de qué nos despojamos? Precisamente en §IV esto resulta claro, pero solamente hacia el final del texto, cuando ya no parece tratarse del fetichismo: de lo que nos despojamos es de *nuestra facultad de coordinarnos juntos para establecer fines y medios razonables de existencia*, es decir, de *organizarnos* según planes discursivamente concertados. Pero esto significa que *otro "acto primordial" es posible,* el cual, sin embargo, todavía no puede proponerse más que como una experiencia del pensamiento: "representémonos, finalmente -escribe Marx- una reunión de hombres libres, trabajando con medios de producción comunes, y gastando, mediante un plan concertado, sus numerosas fuerzas individuales como una sola y misma fuerza de trabajo social"... etc., (p. 90[96]), así hasta llegar a "relaciones transparentes y

[25] La cual consiste en considerarnos *libres* mientras nos *sometemos* a la ley "natural" del mercado. [N.E]

racionales con nuestros semejantes y con la naturaleza" (p. 91 [97]).

He ahí desde el principio el horizonte de toda la obra, recorrido ya en el Libro I. Se trata de mostrar cómo la dinámica misma del capitalismo, que conduce a la emergencia de empresas industriales cada vez más grandes y, de forma correlativa, cada vez menos numerosas (pueden terminar siendo un par por sector, arriesga Marx), marginaliza poco a poco al mercado. Sin embargo, en la empresa prevalece otro modo de "división del trabajo", o, lo que es lo mismo, de coordinación social: la "organización" (*versus* "el mercado"). Esta organización, despótica bajo la fachada del propietario capitalista, puede volverse democrática bajo el régimen de los productores asociados. De tal manera que, expresada en la *organización*, la coordinación a través de planes elaborados en común aparece de entrada como la *alternativa* racional y razonable al *mercado*. En ese sentido, el preámbulo que constituye la Sección 1 formula la perspectiva general de la obra y su objeto: diseñar el camino que nos lleva del capitalismo al socialismo como si nos condujera de una sociedad gobernada, más allá de nosotros, por el mercado, a una sociedad de planificación concertada entre todos.

En la Sección 1 Marx no hace otra cosa más que exponer el presupuesto de la *estructura* capitalista de clase, N3, a saber: aquello que dicha estructura presupone [*présupposé*], y pone [*pose*][26] (es decir, produce) constantemente, y que, por lo mis-

[26] Aquí Bidet hace referencia a la relación entre lo puesto y lo presupuesto que Hegel desarrolla en el apartado C, "La Reflexión", de la Sección Primera de la "Doctrina de la Esencia" en la *Ciencia de la Lógica*; véase: Hegel, G.W.F. *Ciencia de la Lógica, I. Lógica objetiva*, Abada/UAM, Madrid, 2011, pp. 411ss. Hemos decidido traducir *poser* con el término "poner" y no con el de "plantear" como hace Julia Calzadilla en la excelente traducción del libro *Altermarxisme*, para mantener está resonancia con los conceptos de Hegel. El

mo, yo he denominado "metaestructura". A partir de ahí Marx puede pasar de la *alienación* mercantil a la *explotación* capitalista -ya que la teoría del valor ofrece los conceptos necesarios para la del plus-valor. En N3 reencontramos esta conceptualidad de doble cara, económica y política: la *racionalidad* capitalista se contrapone a una *pretensión de razón* localizada en medio de una lucha de clases en la que ambos adversarios se reivindican como libres, iguales y racionales -es por ello que la estructura nos hace volver incesantemente a la metaestructura que presupone. Ahora bien, a medida que el análisis económico se va desarrollando y concretando, la crítica va ampliando su campo de acción. Afortunadamente, hoy se centra en la empresa, en el ejército de reserva, en el expolio ecológico, e, impulsada por diversas filosofías, se refiere al reconocimiento, a la justicia, a la comunicación, a la pulsión de vida o a la exigencia de sentido. Sin duda, la crítica se ha vuelto inmensamente productiva, sin embargo, este éxito no debe impedirnos volver sobre lo que a mi parecer es un *error inicial* de orden teórico, a propósito del cual se establece la cuestión de lo verdadero y lo falso, pero que también implica a su otra cara, la crítica. De donde se deriva, por consiguiente, un torrente de consecuencias conceptuales y prácticas. Veamos.

El punto fuerte de la elaboración marxiana consiste en haber mostrado cómo esa entidad racional que es el mercado se halla instrumentalizada en una relación de clase. Para decirlo en términos afines a la Escuela de Frankfurt, Marx descifró la mo-

---

propio Bidet señala que es precisamente en esta relación entre la *estructura* capitalista que presupone la "metaestructura", en tanto pretensión de libertad-igualdad-racionalidad en el ámbito de la producción mercantil, al mismo tiempo que la pone (la produce), en donde puede encontrarse una relación "dialéctica" en la obra de Marx y no en el paso de M-D-M a D-M-D′. [N.T] dernidad capitalista como “instrumentalización de la razón”. En efecto, mostró que el secreto mejor guardado del fetichismo es que si el *mercado, supuestamente libre,* nos mantiene sujetos bajo su ley, es por el *hecho* de que nosotros lo erigimos en el fetiche soberano (tal es la lectura *ontológica* que propongo del *fenómeno* fetichista, apoyándome sobre las formulaciones de Marx extrañamente ignoradas por los comentaristas). Sin embargo, esto no nos autoriza a deducir que sólo nos podemos liberar de él sustituyéndolo por la alternativa de la *organización según planes supuestamente concertados*. Es verdad que podemos definir el “socialismo” de esa manera; sin embargo, parece que, al igual que el mercado, la “organización” genera privilegios de clase que tienden a reproducirse -como ocurrió brutalmente en los países del “socialismo real” y también ocurre “masivamente” en las llamadas sociedades “capitalistas”. De ahí que debamos preguntarnos si en este punto el procedimiento de Marx está bien fundado.

Es posible suponer que, automáticamente, quienes se “representan una sociedad de hombres libres, etc., gobernándose según planes comunes” son perfectamente capaces de entablar procesos que sometan al mercado capitalista a ciertos marcos de organización establecidos en común. Sin embargo, resulta evidente que la cuestión es más compleja pues todo lo que es producido históricamente tiene grados variables dependiendo del tiempo y del espacio. Resulta paradójico que Marx no se haya detenido en esta eventualidad. Ciertamente el interés de su trabajo era otro: seguir hasta el final, sin concesión, el análisis de la racionalidad proliferante y destructiva que le es propia al capitalismo. También sabemos que simpatizaba con toda forma de producción colectiva capaz de romper con el capitalismo, como las cooperativas al estilo de la comuna rusa. Sin embargo, es innegable que sobre estos temas no formuló enunciados a la altura de sus proposiciones sobre el capital. Naturalmente, debemos preguntarnos por las circunstancias históricas que llevaron a los marxistas revolucionarios de la primera generación a tomar al pie de la letra el axioma de "la abolición de la propiedad privada (de los medios de producción y del mercado)". Sin embargo, ese no es mi propósito en este trabajo. Me ceñiré a considerar en sí misma la incompletud del comienzo de *El Capital* bajo el doble carácter de la teoría y la crítica.

V. La incompletud teórica de *El Capital* y sus pies sobre la crítica

Marx es el primero en formular la idea de que nuestra racionalidad productiva común se realiza a través de dos mediaciones: el mercado y la organización. Sin embargo, las incorpora en un "gran relato" histórico, incluido en su "hilo conductor", que va del mercado (dominante en el capitalismo) a la organización (que anuncia el socialismo). No es este *historicismo* el que quisiera reprocharle aquí a Marx -aunque contiene una parte de verdad que aún debemos identificar-, sino la incompletud de su *estrucuturalismo*, de su teoría de la *estructura* moderna. Me parece que ese defecto de construcción no ha sido destacado por los estudiosos de la obra de Marx o por quienes se reclaman como tales, aun cuando, por otro lado, afirman ser críticos de la burocracia, de la tecnocracia, etc.[27] A Marx le hizo falta señalar

[27] Se me perdonará por no citar aquí la larga lista de exégetas alemanes, franceses, italianos y de lengua inglesa que se han ocupado de este punto de partida de la exposición de Marx, el cual determina todo lo que sigue. Más allá de las referencias a la metaestructura, instrumentalizada en la estructura,

que, en la sociedad moderna -de la que esboza las "leyes" de un movimiento que supuestamente nos conduciría del capitalismo presente al socialismo por venir-, esas dos "mediaciones", como él las llama,[28] son co-constitutivas de una infraestructura más amplia que el simple modo de producción "capitalista" -y poseen de forma semejante su otra cara superestructural. Las dos mediaciones se encuentran co-imbricadas en toda actividad productiva y co-implicadas en toda práctica política. Lo que Marx denomina como no "productivo", es decir, aquello que abarca particularmente los productos y los servicios de la esfera estatal y administrativa, es también estructuralmente constitutivo de la forma moderna de sociedad, y es así desde del comienzo. De esta forma, nos vemos conducidos a ampliar la hipótesis de Marx: la estructura moderna de clase y de Estado, considerada en su conjunto, no se reduce al "capitalismo". Este calificativo no define de forma adecuada la sociedad moderna (y, en el límite, constituye un obstáculo epistemológico). En realidad, la clase dominante posee dos fuerzas sociales más o menos antagónicas o convergentes según la época, la del "poder-propiedad" sobre el mercado y la del "poder-saber" en la organización -es decir, la de la competencia, en el sentido estricto no de ser un docto-competente [*savant-competent*] sino de "tener competencia" (como lo han retomado Bourdieu y Foucault). Frente a esta dominación, la clase popular se divide en diversas fracciones -los "independientes", asalariados del sector privado o del sector público, precarios, desempleados, etc.,-

---

todavía hacen falta, desde mi punto de vista, los elementos requeridos tanto para la construcción de una teoría de la sociedad moderna como para una perspectiva de las luchas de emancipación de las relaciones de clase.

[28] Véase especialmente: Marx, K. *Grundisse*, vol. I, Éditions Sociales, Paris,1980, pp. 108-109.

según su modo de articulación en el mercado y en la organización y según las muy diversas relaciones entre estas mediaciones, tomando en cuenta que, en función de las pertenencias nacionales, profesionales, familiares o generacionales, somos herederos de luchas sobre las cuales podemos influir o en las que nos vemos reducidos a sufrir su instrumentalización. Sin embargo, todos debemos hacer frente a esta doble instrumentalización. Es así que el análisis metaestructural describe los factores de división y el potencial de unidad de esta clase popular.

Si esto es así, se comprende también que así como el orden *racional* de lo económico se divide en mercado y organización, el orden *razonable* de lo político se divide en la pretensión de una contractualidad [*contractualité*] entre individuos y una contractualidad entre todos -entre la llamada libertad de "los modernos" y la llamada libertad de "los antiguos", inseparables entre sí. Esta Razón, que la "modernidad" instrumentaliza en la estructura moderna de clase, es la metaestructura (presupuesto puesto de dicha estructura) cuyas dos "caras", económica y jurídico-política, se articulan según los dos "polos" del mercado y la organización. *Es en este punto donde debemos retomar la cuestión de la crítica*. Porque, en la sociedad moderna, las *mediaciones* del mercado y la organización se presentan bajo la *pretensión* de ser los relevos del discurso comunicativo *in-mediato*,[29] en tanto que son las únicas instancias aptas para asegurar las tareas de la

[29] En todos los casos en que se aluda al discurso comunicativo traduciré la palabra francesa *immédiate* por in-mediato para enfatizar el argumento de Bidet, quien intenta caracterizar la acción comunicativa entre los individuos como una relación directa, no mediada, en oposición a las relaciones "mediadas" del "mercado" y la "organización". [N.T]

coordinación social que, más allá de cierta complejidad, el discurso comunicativo es incapaz de realizar. Esta es la ficción del Estado moderno, el cual *supuestamente* restituye esta inmediatez en el discurso común de la ley bajo la condición de 1 voz =1 voz. Así, por un lado, *suponemos que el mercado es libre*, y, por el otro, *suponemos* que, en cierto sentido, *la organización es concertada*. De esta forma, el orden social en su conjunto, con sus limitaciones, incluidas las que pesan sobre el asalariado en su sumisión al empleador, *supuestamente* son definidas en común. Sin embargo, esta pretensión se encuentra atravesada por un "desacuerdo" [*différend*]. Esta es la anfibología primaria del *logos* moderno. Los amos del mercado y la organización declaran que el orden reinante asegura de la mejor manera posible las condiciones de una vida libre, igual y razonable. Mientras que el pueblo de abajo, la multitud, enarbola la misma bandera pero en otros términos: "¡eso es lo que debería ser!-¡y eso será!". En ese combate, el discurso de libertad-igualdad-racionalidad, tanto de un lado como del otro, es idéntico en sí mismo, y, sin embargo, no está hecho de otra cosa más que de conceptos que se encuentran "esencialmente en disputa". Esto no significa que la multitud siempre tenga razón, sino que globalmente debemos reasignar los progresos de la civilización que generalmente recompensan al "capitalismo", el cual, en realidad, no tiene otro fin que la riqueza abstracta del beneficio. Tal es el foco de crítica inmanente a la lucha moderna de clase.

Todo este conjunto, no sólo el mercado, sino las mediaciones y el discurso in-mediato, forma la "metaestructura" de la "modernidad", aquello que está en juego en una instrumentalización que, sin embargo, siempre se halla en disputa. Es por ello que la sociedad moderna contiene un potencial de autocrítica. La metaestructura es su "presupuesto" "puesto", el "presupuesto" que ella "pone", que ella "produce" -en el mismo sentido en el que Marx muestra que el capital pone, produce, universalmente las relaciones de mercado, con todas sus implicaciones jurídico-políticas. Sin embargo, cuando el orden social reproduce sus condiciones de existencia no está destinado a reproducirlas de forma idéntica, pues aquello que se encuentra reproducido no es otra cosa que posibilidades *alternativas,* sea en el sentido del mercado, sea en el sentido de la organización, bajo el supuesto arbitraje de una palabra socialmente compartida. Podemos concluir que los de arriba harán todo lo posible por hacer callar esa palabra, mientras que la lucha de los de abajo, cuando llega, es una lucha para que se escuche, a fin de que el mercado sea gobernado por la organización y la organización por la palabra compartida democráticamente entre todos. Así, para ser admisible como teoría realista y para asegurar su tarea *crítica* al mismo tiempo que *analítica*, la concepción que proviene de Marx debe ser corregida y reconstruida sobre una base más amplia -ampliación que toca, a la vez, la infraestructura, la superestructura y sus relaciones. Esta base pone de manifiesto que la crítica sólo existe en la lucha de clases. Y que ésta debe dirigirse hacia los dos frentes de la clase dominante. Ella se orienta hacia la construcción del pueblo como una clase capaz de emanciparse precisamente de las relaciones de clase.[30]

---

[30] Esta teorización metaestructural no se concibe como la de un todo social, suponiendo que tal cosa fuera concebible. Junto a las relaciones de clase existen otras como *las relaciones de género.* La aproximación metaestructural sólo teoriza la estructura moderna de clase y de Estado. Ella requiere, por tanto, otra teoría, que no sea de la estructura, sino del *Sistema-Mundo*, donde se ancla la "raza", y otra más sobre el enredo en el que entran la estructura y el sistema a medida que la forma estructural estatal comienza a afirmarse a escala mundial. En ese sentido, la propuesta aquí presentada

En ese sentido ella se inscribe bajo la bandera de una "teoría crítica".

posee un carácter parcial y abstracto. En mi propio trabajo desarrollo otras dimensiones, particularmente en *L'État-monde* y en *Foucault avec Marx* (La Fabrique, Paris, 2014). Mi libro *Le neo-libéralisme. Une autre grand récit*, se presenta como el punto de partida de una teoría de la historia moderna (Les Praires Ordinaires, Paris, 2016).

El Estado-mundo*

La tesis que aquí propongo pretende interpretar nuestro tiempo desde la perspectiva de una "Historia Global": se trata de la tesis del Estado-mundo, o de la "Ultimodernidad", y supone una *re-fundación* del marxismo.[1]

I. Me parece necesario identificar dos límites dentro del enfoque de Marx

1.1. Comencemos por el análisis marxiano de la "mundialidad" y su problemática superación en términos de Sistema-mundo. Marx elaboró de forma teórica la dimensión *estructural* de la

---

* Traducción de María Álvarez, revisada por Ricardo Bernal Lugo. Este trabajo de Bidet fue presentado en el Departamento de Ciencias Políticas de la Universidad de Sao Paulo, Brasil, en noviembre de 2011.

[1] Bidet, J. *L'Etat-monde, Libéralisme, Socialisme et Communisme à l'échelle globale, Refondation du marxisme*, PUF, Paris, 2011. Este libro desarrolla una búsqueda de tres decenios, publicada por PUF: *Que faire du Capital?,* [1985], 2001, *Théorie de la modernité,* 1990, *Théorie Générale, Théorie du droit de l'économie et de la politique,* 1999, *Explication et reconstruction du Capital*, 2004. En castellano: Bidet, J. *J. Rawls y la teoría de la justicia*, Ediciones Bellaterra, Barcelona, 2000; Bidet, J. *Teoria de la modernidad*, Imago Mundi, Buenos Aires, 1993; Bidet, J. *Explicación y Reconstrucción del Capital*, LOM, Santiago de Chile, 2007; Bidet, J., Duménil, G. *Alter-marxismo*, El Viejo Topo, España, 2007. En portugués: Bidet, J. *Explicaçao y Reconstrucçao do Capital,* Unicamp, Sao Paulo, 2010. Véase http://perso.orange.fr/jacques.bidet/.

sociedad moderna: las relaciones entre las clases -la *estructura* de clase- coronadas por la institución estatal nacional. Pero dejó a un lado la dimensión global. No consideró la "mundialidad" más que en términos de "mercado mundial". Sin duda, Marx es un pionero en el estudio del colonialismo, pero no nos proporciona un concepto adecuado del mismo. Serán las teorías del imperialismo las que abrirán el camino en esta materia, aunque la luz decisiva no llegará sino hasta los años sesenta procedente de América, sobre todo de América Latina. La teoría del Sistema-mundo -prolongación de las teorías de la dependencia y del intercambio desigual- constituye la principal innovación en el seno del marxismo en el curso de la segunda mitad del siglo XX. Esta teoría permite articular la lucha de clases y la lucha nacional antiimperialista y le proporciona al marxismo la geografía que le faltaba, su universalidad concreta.

Hoy, sin embargo, parece que la situación ha dado un vuelco. La teoría del Sistema-mundo ha resultado tan productiva que se ha podido aplicar siguiendo una escala de milenios. Pero al extenderse así ha terminado por circunscribirse a una corriente teórica de mayor alcance, la de una Historia Global que ya no ha sido configurada por el marxismo. Un enfoque inspirado en Smith destaca que los sistemas-mundo viven tanto o más del intercambio que de la dominación, con lo cual intenta apropiarse de la dimensión *sistémica* -la de la relación entre las naciones, entre los territorios- y relegar a un segundo plano la dimensión *estructural* -la de la relación entre clases.

Constatamos esto en la dirección que toma la pregunta dominante hoy en día: "¿Quién será el futuro poder hegemónico tras los Estados Unidos?", o bien, "¿podemos pensar en una hegemonía policéntrica?". Naturalmente las dos perspectivas, anticapitalista y antiimperialista, pueden asociarse. Sin embargo, hay una dificultad a la hora de asociar estos dos términos, ya que no son de la misma naturaleza. Es verdad que se trata de "sociedades capitalistas" que definen *territorios nacionales* con poder desigual. Pero la dominación sistémica constituye un *problema distinto* a la dominación de clase, un problema que parece apelar a *otro tipo de solución*. Tratándose de relaciones de clase, la emancipación se concibe según una perspectiva *revolucionaria*: la de la abolición de la estructura de clase. Tratándose de relaciones entre naciones y territorios, la perspectiva parece ser la de un *optimum* razonable: la de una armonía productiva entre elementos de un todo que tiene su propia historia, no *lineal* sino cíclica.

Este contraste, sin embargo, no tiene nada que ver con una supuesta división cultural entre "occidente" y "oriente". Existe, en realidad, una contradicción *real*: la "contradicción geopolítica" entre estructura y sistema. La dificultad que el marxismo encuentra a la hora de comprenderla estriba en el carácter fundamentalmente ageográfico de su concepto fundador, el de "modo de producción", un concepto abstractamente *estructural*. Creo que debemos plantear el problema en términos *estructurales-sistémicos*: la *estructura de clase* resulta de la apropiación privada de los medios de producción y de intercambio por parte de un estrato privilegiado (véase Marx), el *sistema-mundo* resulta de la apropiación "privativa" de los territorios por parte de comunidades establecidas (véase C. Schmitt). Cada una de estas dos "dimensiones" del mundo, estructura y sistema, contiene sus propias contradicciones. Pero hay, entre la estructura y el sistema, una contradicción de segundo grado: la "contradicción geopolítica". Y esta contradicción "sistémico-estructural" está entrando hoy en una nueva fase.

Ésta es la tesis que presento en mi libro *El Estado-mundo*. El "Estado-mundo" del que yo hablo no designa una utopía, ni un objetivo a alcanzar, ni una idea reguladora. Designa un dato *de facto*: un proceso en curso, que constituye el marco *estructural* del neoliberalismo. El Estado-mundo no hace desaparecer las naciones, ni el Sistema-mundo (el imperialismo). Estado-mundo y Sistema-mundo se articulan como *las dos dimensiones, estructural y sistémica*, del "mundo" en la era de la Ultimodernidad: es decir, de la modernidad en su última escala territorial-estatal, la del planeta.

1.2. Mi tesis se apoya en una crítica del análisis estructural de Marx, de su análisis de la estructura moderna de clases. Marx entiende la modernidad en términos de razón y de instrumentalización de la razón. La entiende a partir de los dos modos de la coordinación "racional" a escala social -el *mercado* y la *organización.* Define el *mercado* como un orden *reequilibrado a posteriori*, y la organización como el orden *planificado a priori*. Considera que cada uno de estos dos modos racionales económicos tiene su contrapartida en el orden "razonable" de lo jurídico-político. Sin embargo, Marx utiliza este descubrimiento de modo erróneo, pues encuadra este binomio mercado/organización en una secuencia histórica que pasa de un término a otro: del *mercado (capitalista)* a la *organización (socialista).* Así, define la modernidad como el proceso que va de uno a otra. Mi opinión es que, al contrario, *mercado* y *organización* -estas dos mediaciones, cada una de ellas con un contenido económico y jurídico-político- son los dos "factores de clase" constitutivos de la "relación de clase" moderna.

Desde hace milenios se constata la existencia de vastos *mercados* y de poderosas *organizaciones*. Llamo "modernidad" al proceso por el cual un poder estatal comienza a imponerse sobre un territorio mediante la articulación económico-política de estos dos modos fundamentales de la racionalidad social. La modernidad emerge cuando la institución estatal comienza a unificar una comunidad territorial asumiendo la tarea de articular estos dos modos polares de la racionalidad social. La modernidad, en este sentido definido, no tiene nada de específicamente "occidental". Ha dado paso, desde hace mucho tiempo y en diversos lugares, a varios bosquejos y a experiencias más o menos logradas. Es, por ejemplo, notable que la historiografía china señale la era de los Song, alrededor del año Mil, como el comienzo de la China moderna. Se trataba en aquel entonces de articular el mundo de los mercaderes y el de los mandarines: de dirigir estas fuerzas contrastadas frente a los desafíos de un pueblo productor de campesinos y artesanos. Y podríamos traer aquí a colación muchos otros lugares.

Europa no representó durante mucho tiempo más que una modesta periferia. Sin embargo, "la modernidad" así entendida también tiene sus comienzos europeos: en la comuna medieval y, de forma particular, en los Estados-ciudad italianos del siglo XIII, donde esta "experiencia histórica" pudo llevarse hasta el final, en ausencia de un poder superior, imperial o real. La clase artesanal, que formaba la masa de la población, se encontraba comprometida, a través de la corporación, dentro de esta articulación de relaciones mercantiles-organizativas de producción que estructuraba la sociedad en profundidad. Aliada a la burguesía emergente contra los poderes feudales, fue empujada a implicarse en una lucha continua que desembocó en la constitución de un nuevo orden económico-político. Así surgió una modernidad socio-política: en el cara a cara de la ciudad, la sociedad en masa se apoderó de la política o, al menos, se comprometió en esta dirección. De este movimiento nacen las principales "instituciones republicanas modernas" -el legislativo, el ejecutivo, el judicial en su forma democrático-oligárquica típicamente moderna. Tras el aplastamiento de esta primera revolución moderna, volveremos a encontrar más tarde estas instituciones en los Estados-nación europeos, a una escala siempre mayor en la medida en que se desarrollan las fuerzas productivas. Hoy estas instituciones tienden a imponerse en la dimensión "continental", que se considera pertinente. Frente a la invasión europea, desplegada a lo largo de cinco siglos, el resto de sociedades, muy diversas, encontraron en ellas mismas, a un ritmo desigual, en sus culturas y estructuras de clase, los medios de completar su propio proceso de modernidad.

Como veremos, lo decisivo de la modernidad no es, por tanto, ni la racionalidad mercantil ni la racionalidad organizativa, sino su interferencia *crítica* en un espacio territorial estatal. ¿Por qué "crítica"? Porque cuando el mercado y la organización coinciden en la cima [de la jerarquía social], "se hablan", necesariamente: "¿Tasaremos el *comercio* del arroz o del trigo? ¿Y qué uso *organizado* haremos de este dinero público?". Aquí se encuentra el discurso del Estado moderno. Y, cuando el pueblo se apodera de este discurso, cuando toma él mismo la palabra, surge la modernidad *sociopolítica* -que implica una cierta modernidad cultural. El pueblo, entonces, hace frente a los dueños del mercado y de la organización -que en conjunto forman la clase dominante- en nuevas condiciones políticas y culturales.

Llamo *estructura moderna de clases* a la que llegará a predominar en las sociedades llamadas "capitalistas", y también (con diferencias) en las denominadas "socialistas". Y me propongo reconstruir esta estructura con referencia a su "meta-estructura", es decir, a partir de estos dos "factores de clase", *mercado* y *organización*, que se dan -ésta es la "ficción moderna"- como el relevo, la continuación, la amplificación de una relación de cooperación, discursiva-contractual, entre personas libres, iguales y racionales. Es en estos términos que, al comienzo de *El Capital*, Marx trata abstractamente la relación mercantil de producción, para luego mostrar su conversión, dentro del capitalismo que la aplica a la fuerza de trabajo, en estructura de explotación. Considero que es preciso tratar de la misma manera la otra "mediación", el otro modo de coordinación racional a escala social: esto es, *la organización*. Es preciso considerar estas dos mediaciones en su co-imbricación y su antagonismo; y en la interrelación, necesariamente discursiva y potencialmente crítica, que se establece entre ellas.[2]

En pocas palabras, la clase dominante posee así dos "polos": el uno fundado en el mercado, es decir, en títulos de propiedad, el otro en la organización, es decir, en títulos de "competencias". Hoy tendríamos, pues, de un lado, los capitalistas ("la Finanza"); de otro, los "dirigentes-y-competentes" ("la Élite"). Estos dos polos se reproducen según dos mecanismos distintos (véase Marx/Bourdieu). Son, a la vez, complementarios y antagónicos. *La otra clase,* que yo llamo "fundamental" o popular (contra el apelativo paternalista de "clase dominada"), trabaja y vive a través de la mediación de

---

[2] En Bidet, J., Duménil, G. *Altermarxisme*, PUF, Paris, 2007 [Bidet J., Duménil, G. *Altermarxismo. Otro marxismo para otro mundo*, El Viejo Topo, España, 2007], pueden constatarse las afinidades entre esta construcción teórico-filosófica y el enfoque socioeconómico de Gérard Duménil, coautor de este libro, y Dominique Lévy.

estos dos principios racionales, mercado y organización, que constituyen bienes comunes de la humanidad. Sin embargo, precisamente a través de estas mediaciones, a través de su "instrumentalización" en la relación moderna de clase, la clase fundamental resulta dominada y explotada. Ésta, se divide en diversas fracciones (asalariados públicos, privados, independientes), que se distinguen por una implicación vital más o menos grande en uno u otro de estos dos modos de coordinación, mercado y organización -con su capacidad de excluir, de definir un "estar fuera" que priva a una parte de la población de todo medio de trabajo y de una vida estructuralmente reconocida y asegurada. Pero la relación íntima entre estos dos polos, siempre co-imbricados, asegura la unidad de la clase fundamental, al igual que la de la clase dominante.

En la sociedad moderna hay, pues, dos clases. Pero la lucha de clase implica los tres agentes así definidos -los capitalistas, los dirigentes-y-competentes y el pueblo.

El *Estado-nación* ha sido el marco de estos enfrentamientos típicos de la modernidad. Ha aumentado de tamaño con el desarrollo de las fuerzas productivas: Estado-ciudad, Estado-nación, "Estado-continente" (algunos como Estados Unidos, China, o quizá Brasil, lo son desde el principio). Ahora se esboza un Estado-mundo, implicado en el Sistema-mundo. Al menos, esto es lo que queda por mostrar.

II. El concepto formal de Estado-mundo

La tendencia general de la historia moderna se analiza en términos *estructurales-sistémicos*. Con el desarrollo de las fuerzas productivas las unidades territoriales pertinentes tienden a crecer en tamaño y a disminuir en número. De este proceso surge el Estado-mundo.

1. Los Estados comienzan, en general, con la violencia: una comunidad se apodera de un territorio y declara que es suyo (véase C. Schmitt). Así ocurre con el Estado-mundo: comienza con el terror. El terror *mutuo* que sigue a Auschwitz y a Hiroshima. Ante lo cual, la ONU declara que la tierra es un territorio común, sobre el que reivindica el monopolio estatal de la violencia legítima. Volveremos sobre este concepto. La realidad económica del Estado-mundo no se impone, sin embargo, hasta 30 años más tarde, en el momento en que la revolución informática, en particular, permite a la "Finanza" imponerse a las "Élites" nacionales que, a través de un compromiso con las fuerzas populares, predominaban desde el 45.

2. El Estado-mundo se constata en sus *"aparatos de Estado"*, que son de dos tipos, públicos y privados. Los aparatos *públicos* del Estado-mundo se manifiestan como tales. Se trata de las organizaciones denominadas internacionales, en realidad supranacionales: no sólo se encuentran por encima de las naciones, sino que son "aparatos" de un super-Estado. Más adelante volveremos sobre la ONU. Basta decir que ninguna nación tiene el poder efectivo de retirarse de ella. Lo mismo ocurre con la OMC. En su seno, el Órgano de Solución de Desavenencias posee, significativamente, un poder de decisión "en última instancia" que, como tal, es de naturaleza estatal. Al igual que el FMI y el Banco Mundial, donde el poder procede de la financiación particular que cada uno aporta. Los diversos Estados operan, pues, como *entidades privadas*, pero dentro de un marco oficial, que se supone consensual. Este dominio de lo privado sobre lo público ya es, desde el inicio, un hecho *estatal*

a escala del Estado-nación. Hoy ocurre lo mismo a escala global.

En cambio, los aparatos *privados* del Estado-mundo se ocultan, son negados como tales. Véanse las agencias que elaboran el derecho comercial en cada rama particular, bajo la autoridad de los intereses capitalistas en concierto, una legalidad de la que ningún productor o consumidor puede escapar: verdadera ley común. Véanse también los tribunales de arbitraje, las agencias de calificación, que concretan la primacía de los intereses capitalistas generales sobre los proyectos de vida nacionales.

3. El Estado-mundo se reconoce también en *su geografía*. El capital "global" genera, en efecto, una nueva territorialidad, a la que con gran agudeza Saskia Sassen denominó "*ciudades globales*". Las ciudades globales agrupan la enorme concentración local de medios materiales, oficinas, máquinas, necesarias para su economía digitalizada, llamada inmaterial. Acogen al personal altamente cualificado y a la masa de trabajadores de base, mayoritariamente inmigrantes, que requieren en igual forma, según una división sexual "neoliberal" del trabajo. Las ciudades globales son las sedes de los centros financieros, de las bolsas globales, de los tribunales de arbitraje, de las agencias de calificación, de los grandes servicios técnicos, jurídicos y financieros -aparatos administrativos global-estatales- que el capitalismo neoliberal mundializado precisa. Determinan así un nuevo concepto de territorio: están próximas no a su entorno, sino a sus semejantes en el mundo, configurando por encima de las fronteras una constelación mundial funcional. Forman la trama de una espacialidad global, que se impone a la territorialidad jerárquica (local-nacional-internacional) de los Estados-nación.

4. El Estado-mundo se constata también en el *derecho* denominado "internacional", en realidad *mundial*, a través de diversos aspectos. Confronta sujetos, ya sean estatales, ya personas privadas (sobre todo inversores). Incluye un fondo común de normas jurídicas y de principios normativos invocables en las convenciones internacionales. Véase también la "competencia universal". El derecho comercial, que ejerce su primacía sobre cualquier otro, se impone a todos los miembros de la comunidad humana mediante sus instituciones jurídicas privadas. Y la lógica de la AGCS (Acuerdo General sobre el Comercio de los Servicios) es que las naciones confíen al mercado global todos sus sectores estatales. A medida que los Estados adoptan progresivamente una *constitución parecida*, surge una comunidad económico-política universal coronada por una *constitución común*. Para apropiarse de vastos territorios en África ya no se necesita un ejército de ocupación: basta con comprarlos, conforme a la legalidad mundial-estatal.

5. El Estado-mundo se evidencia también como Estado de clase. A este respecto podemos remitirnos otra vez a Saskia Sassen,[3] quien ofrece un cuadro representativo de la clase dominante mundial. De un lado, los grandes capitalistas y accionistas, con la masa de sus agentes. De otro, las "élites", que ocupan al mismo tiempo las grandes instituciones nacionales e internacionales. Éstos -la Finanza y la Élite- son, en efecto, los dos polos que distingue la teoría metaestructural. No se trata de una nueva clase dominante. Son los dos "polos" (propiedad V

[3] Sassen, S. *La Globalisation. Une sociologie*, Gallimard, Paris, 2009 [2007] y Sassen, S. *Critique de l'État*, Demopolis, Paris, 2009 [2006].

competencia)[4] de la antigua clase dominante, en otro tiempo nacional, hoy mundializada.

Por el contrario, resulta más difícil identificar a escala mundial algo así como una clase fundamental o popular. Cuando el producto de una hora de trabajo en el norte se canjea por el de diez horas de trabajo en el sur, una identidad común de clase parece inconcebible. Lo cierto es que el proceso dinámico neoliberal introduce progresivamente a los productores del mundo entero en la concurrencia y esta condición común determina cada vez más la vida de cada uno. Pero es claro que los seres humanos ordinarios, en su condición de clase fundamental, aparecen cada día más inter-constituidos e inter-interpelados como sujetos mundiales. Así emerge lentamente una clase fundamental mundial, a la vez, en su *densidad económica* y en su *idealidad político-discursiva* emergente.

Por un lado, en lo que atañe a las relaciones de producción, existe desde hace tiempo un derecho comercial internacional. La economía capitalista ya presentaba un alto grado de inter-nacionalización hace cien años. Este hecho, que se puede analizar en los flujos de valores mercantiles, presentaba una significación en términos de producción (y de destrucción, véase Mike Davis) decisiva para el curso de la historia. Pero el trabajo, el intercambio y la expectativa de vida de la mayoría aún ofrecían un marco en extremo localista. Hoy, incluso los más pobres se encuentran -a través de sus relaciones de producción, de consumo y de información- in-mediatamente, existencialmente y conscientemente implicados en un proceso cada vez más mundializado, que los convierte en sujetos diferentes: en sujetos

[4] El uso de V implica una contradicción, al respecto véase *infra*, p. 105. [N.E]

mundiales, aunque es verdad que de un modo neoliberal. Esta densificación de la relación mercantil de producción genera *otra* relación de cada uno con su propia existencia concreta, otro contexto de *valor de uso*, otro régimen de uso de sí mismo, constitutivos de otra identidad de clase: mundial. Y este *sujeto mundial-estatal* es, al mismo tiempo, un *sujeto sistémico*, un sujeto del orden imperialista, el sujeto *desigual* de las maquiladoras, de la descalificación postcolonial, etc. Dos sujetos en uno solo: un *sujeto mundial, estructural-sistémico*.

Por el otro lado, político-discursivo, la alter-identidad se manifiesta en la emergencia irresistible de una lengua mundial.[5] Que no es el inglés (aunque este idioma participe en el proceso), sino, en mi opinión, la traductibilidad inmediata, prácticamente conseguida, de todas las lenguas, que vuelve intercomunicables todos los mensajes a través de la televisión, la prensa, el teléfono e internet. Por este hecho, cada uno, potencialmente al menos, a pesar de todas las distorsiones y manipulaciones, se encuentra interpelado, como juez y parte, por todos los acontecimientos mundiales. Experiencias como la de Chiapas, la de Bolivia, o las de las "revoluciones árabes" constituyen un poderoso testimonio: el de una dinámica de la ciudadanía entre lo local y lo mundial a través de *la mediación nacional*. Luchas de clase locales-mundiales.

6. La idea de que podamos hablar del Estado-mundo como de un Estado en el sentido propio del término, y de un Estado *moderno*, encuentra sin embargo varias *objeciones*. Podrá decirse que, a este nivel, falta un "monopolio de la violencia legítima". En realidad, este monopolio no implica que

[5] Véase los análisis de Benedict Anderson y de Eric Hobsbawm acerca del papel decisivo de la lengua común, condición *sine qua non* cuando surge un Estado-nación moderno.

la violencia declarada *ilegítima se elimine*, sino sólo que su prohibición genera un coste social que vuelve su práctica más difícil. De cierta manera, las guerras imperiales llevadas a cabo sin el aval de la ONU implican un coste político, militar y financiero específico. En esto se manifiesta, aunque sea de forma débil, una autoridad política -radicalmente alienada, por cierto: la de la comunidad política mundial declarada.

Se podrá objetar también que no se observa, a escala mundial, ni proceso de decisión democrático, ni garantía para los derechos civiles, políticos y sociales de las personas, ni acción por parte de los ciudadanos. Responderé que los regímenes dictatoriales de los siglos XX y XXI son perfectamente "modernos" en el sentido aquí definido. Sencillamente privan al pueblo de las libertades que proclaman. Así ocurre con el Estado-mundo.

Más allá de todas estas objeciones, si resulta difícil discernir la existencia del Estado-mundo es porque se oculta. Y esto ocurre así, sencillamente, porque es un Estado *neoliberal*. La disimulación del Estado-mundo se realiza a tres niveles del Aparato de Estado mundial. Primero, *las organizaciones públicas* supranacionales, que no son otra cosa que *organizaciones del mercado* (capitalista), se dan una apariencia de meras asociaciones entre naciones. Segundo, *las instituciones mundiales-estatales privadas*, ancladas en las ciudades globales -que, en cada sector de actividad, producen y administran el derecho mundial- se dan como elementos de un orden natural-racional puramente "profesional". Tercero, *los Estados nacionales*, en la medida en que comparten la misma constitución neoliberal pueden, consecuentemente, actuar como sucursales de un poder global de clase, a la vez en el plano legislativo (otorgan al derecho mundial su color local) y ejecutivo (garantizan la ejecución de los contratos y una inflación encerrada en los límites compatibles con el objetivo de lucro) -sin que aparezca nunca la casa-matriz, el Estado-mundo. En pocas palabras, el propio régimen neoliberal es el que nos impide ver que *el Estado-mundo,* bajo su hegemonía, precisamente, *ya tiene existencia.* Puesto que el mundo se convierte en mercado, llega a esconderse como Estado.

III. La contradicción geopolítica entre Sistema-mundo y Estado-mundo

Es necesario que el Estado-mundo no destruya al Sistema-mundo. Sistema-mundo y Estado-mundo se encuentran en una interferencia constante. Y ello según dos modalidades, dependiendo de que la influencia proceda en una u otra dirección.

1. El Estado-mundo recibe el impacto del Sistema-mundo. Sería preciso considerar el conjunto de las instituciones mundiales-estatales y examinar, en todos los aspectos -derechos de propiedad intelectual, derechos comerciales, migraciones, ecología, etc.- la parte de los intereses capitalistas generales y la de los Estados dominantes como tales. Me limitaré a la institución central, a la ONU, que suponemos como un parte significativa del conjunto.

La ONU surge de un acuerdo *universal,* si bien *mínimo,* al no incluir la constitución de una fuerza armada que la materialice. Procede, pues, en general, por "resoluciones" cuya aplicación se deja a la iniciativa de los poderes nacionales. En su seno hay, por ejemplo, leyes "antiterroristas". Como se sabe, los Estados del Centro, los únicos en condiciones de hacerlo, se encuentran así legitimados a la hora de identificar a sus "terroristas", a los que pretenden subyugar y quienes se resisten. Lo mismo ocurre en el caso de las resoluciones territoriales: véase Palestina. El Estado-mundo se revela así como un "Estado sistémico", Estado del Sistema. Los ejércitos nacionales (o privados) son los que ejercen las funciones de policía mundial. Los del Centro en especial. Reivindican un estatuto jurídico de "policía", es decir, *el derecho reconocido de controlar o, en caso de necesidad, de matar* a los "conciudadanos" (del mundo), cuya conducta se denuncia como "criminal" por parte de los representantes supuestamente legítimos de la comunidad (estatal) política mundial. Y, cuando no se trata únicamente de controlar a los gobiernos sino también a las masas humanas que los siguen, lo que estos ejércitos reivindican es el derecho de exterminar masivamente a los "enemigos de la patria" mundial común. Véase Irak, 1991.

Por su poder efectivo, el Estado-mundo-sistémico concreta el concepto mismo de policía: *el poder efectivo de matar sin ser matado*. Véase Libia, 2011: una victoria de insurgentes supuestamente "legítimos" con decenas de miles de víctimas colaterales y cero muertos del lado "occidental". Terror de Estado. Terror de Estado-mundo.

Esto no ocurre, sin embargo, sin múltiples contradicciones. La OTAN, institución imperialista por excelencia, obtiene un cierto aval de la ONU en respuesta a una cierta voluntad popular, en verdad muy ambigua. Aquí vemos esbozado el enigma de las sobre-determinaciones.

2. Por otro lado, en efecto, el Estado-mundo impacta sobre el propio Sistema-mundo. En tiempos de la Ultimodernidad aparece un *sujeto político mundial* -una capacidad mundial de decir "nosotros"- cuya efectividad práctica puede verificarse en la maraña existente entre Sistema-mundo y Estado-mundo.

(1) Consideremos primero el nivel metaestructural.
El nivel de las *pretensiones* de libertad-igualdad-racionalidad enunciadas a escala nacional en la relación moderna de clase. En la Ultimodernidad éstas se encuentran planteadas igualmente a escala del Estado-mundo, frente a las contradicciones del Sistema-mundo.

De un lado, los poderosos del Sistema, en el Ágora mundial televisada, deben explicarse delante de todos en el lenguaje metaestructural autorizado del Estado-mundo. Deben afirmar derechos humanos universales y confirmar el privilegio y la misión de los Estados-nación (es decir, de sus ciudadanos), que son, supuestamente, sus jueces y garantes. No dejan de alimentar ejércitos, pero les resulta extremadamente difícil hablar de "guerra" o de "enemigo". Buscan otras palabras. Tienen que avanzar enmascarados. Lo que vuelve su camino más difícil, más incierto.

Del otro lado, surge una mundialidad *discursiva* común a los pueblos-mundo frente a las maquinarias mundiales del mercado neoliberal. Las fuerzas productivas de la Ultimodernidad revolucionan también las relaciones sociales de comunicación. Autorizan a multitud de actores provistos del don de la palabra. No estamos aquí ante un simple "espacio público", en el sentido de Kant o de Habermas, que permite intercambiar opiniones y argumentos a la escala global. Estamos ante algo muy distinto: ante la *metaestructura*, es decir, ante *pretensiones*, declaraciones, proclamaciones, amenazas, llamadas, "indignaciones", en nombre de la *libertad-igualdad-racionalidad.* Estamos ante actos discursivos en actos reales: discursos políticos que personas singulares pronuncian masivamente en las plazas de las grandes ciudades, puestos en escena y mundializados mediante una captación mundial de los medios de comunicación (en la dialéctica práctica del portátil, de internet y de la televisión), de cada uno a cada uno, y a todos, entre *"conciudadanos del mundo",* al mismo tiempo que entre ciudadanos nacionales insurrectos. Todo ello tomando como referencia una jurisdicción popular mundial, una posible "voluntad general".

(2) Vayamos ahora de la meta-estructura a la estructura: al impacto de la "estructura de clase" global sobre el Sistema-mundo, y de vuelta.

La ONU no es sólo un asunto entre naciones cansadas de matarse entre sí. Tampoco es reductible a la iniciativa interesada de la hegemonía de los Estados Unidos. Surgió en el momento del "gran compromiso histórico del siglo XX", que no era meramente "socialdemócrata", pues también otras fuerzas contribuyeron en él. Comenzando por las del comunismo, que en este momento aún no habían revelado sus limitantes (a pesar de veinte años de estalinismo). En los años veinte y treinta, a escala mundial surgió una fuerza popular procedente de la clase fundamental y capaz de arrastrar con ella amplias fracciones de dirigentes-y-competentes. Se asoció, a lo largo del mundo, a luchas anticoloniales entabladas desde hace siglos. Así, después de la guerra resurgió, esta vez de verdad, la idea de una comunidad política mundial. Y esta idea impactó en el Sistema-mundo. Lo vemos en el papel que jugó la ONU en el proceso de desmantelamiento (formal) de la colonización, esa "guerra permanente".

Dejo de lado el análisis de las instituciones públicas mundiales -a cargo de la alimentación, la salud, la educación, el trabajo, el orden judicial y penal, etc.- aunque, sin duda, son apuestas considerables en este enfrentamiento estructural-sistémico.[6] Tan sólo quiero subrayar un punto: el análisis estructural-sistémico no tiene vocación de proponer un programa sustancial de reformas. Sólo busca cartografiar el nuevo "campo de batalla" a escala mundial. En mi opinión, permite identificar mejor un punto decisivo: en este enfrentamiento estructural sistémico antineoliberal, la partícula elemental es *el Estado-nación que juega el papel estructural decisivo*. El Estado-nación es, en efecto, el lugar en que se puede afirmar "la asimetría metaestructural". Entiendo por ello la precedencia del entre-todos sobre el entre-cada uno, inherente a la ficción moderna del contrato social. En el Estado-nación es donde cristalizan y pueden ejercerse conquistas democráticas. Por ello, la lucha emancipadora de clase a escala mundial encuentra un aliado particular en el *Estado-nación*. Es éste el terreno en el que la lógica abstracta del Estado-mundo neoliberal, la de la mercantilización general que instrumentalizan las potencias imperiales del Centro, se encuentra con el poder concreto del pueblo: el ciudadano del mundo. Y por ello el Estado-nación, a pesar de sus defectos, puede también inspirar a entidades más extensas, como Europa o América latina.

---

[6] Presas, sin embargo, de los poderes del mercado capitalista y de la organización burocrática. Mercado y organización, estos dos "factores de clase", constitutivos de la estructura moderna de clase, permanecen, a pesar de ello, como bienes comunes de la humanidad. Hasta en este nivel último, el criterio formal [de la clase fundamental] sigue teniendo como objetivo someter, por la lucha de clase, de género y de raza, el mercado a la organización y ésta a la palabra compartida entre iguales: para "abolir" así los factores de clase.

(3) El «ciudadano del mundo» se manifiesta según varios registros.
Un mundo emancipado de las relaciones de clase sería un mundo en el cual el mercado estaría controlado por la organización, y la organización por un discurso igualmente compartido entre ciudadanos socialmente iguales. No haré aquí una teoría de la lucha de clase, tan sólo unas observaciones sobre tales prácticas a escala global.

Yo distinguiría tres registros:

-El primero es el de las organizaciones altermundialistas. La primera experiencia ha sido la del movimiento comunista, procedente de la Asociación Internacional de los Trabajadores, ya entonces de espíritu "mundial". Se mantiene como referencia histórica. Sin embargo, finalmente se ha convertido en un fiasco, en una doble trampa: *estructural*, la de un "socialismo real" de dirigentes-y-competentes, y *sistémica*, la de la hegemonía de un nuevo centro territorial. La nueva internacional, que se busca en el altermundialismo, afronta el mismo desafío de hacer de movimientos locales y nacionales experiencias universales, capaces de influir sobre el propio orden mundial.[7] La nueva Internacional debe ser también una "Mundial".

-El registro de los pueblos insurrectos. Una fuerza esencial está *del lado de los pueblos insurrectos*, quienes, a lo largo del mundo, hacen valer una legitimidad universal en contra de los regímenes que les han impuesto las potencias del Centro. También ellos, por supuesto, se encuentran atravesados por las contradicciones conjugadas de clase y de sistema. Es verdad que la "revolución" ya no es lo que era, pero es preciso

[7] Lo hemos visto, por ejemplo, en el fracaso del proyecto AMI (Acuerdo Multilateral sobre Inversiones).

saber reconocerla en sus vaivenes, en sus retrocesos. La historia está tan mal hilvanada que no puede avanzar sin dar un paso atrás. "La revolución" se rehace en diversos colores: naranja, jazmín, azafrán, en el discurso anfibológico de la "libertad". Así, empero, lo que se proyecta como algo nuevo arrastra el recuerdo reprimido de dos siglos, y más, de revoluciones, insurrecciones y liberaciones. Y, en un mundo mundializado, todo ello adquiere la significación de una causa común.

-El registro de la relación entre Estado-nación y Estado-mundo. El tercer registro de la ciudadanía mundial hay que descubrirlo en la relación entre Estado-nación y Estado-mundo. El Estado-mundo neoliberal hace que los diversos Estados-nación entren en el juego de asumir las normas neoliberales en sus constituciones y legislaciones, en sus sistemas administrativos locales, en detrimento de derechos civiles y sociales adquiridos desde hace tiempo. La "práctica" política nacional se convierte así en una práctica estatal mundial que contribuye a establecer el mismo orden al que ella se somete, y que tiende a imponerse sobre todos los actores económicos en todos los territorios. Nuestros jefes de Estado neoliberales, nuestros ejecutivos, ahora todo poderosos (tras haber robado el poder al legislativo), son aquí, de forma paradójica, los "ciudadanos del mundo". Pero otro tanto se puede decir, esta vez en positivo, de aquellos que se resisten. Los auténticos ciudadanos del mundo son todos aquellos que luchan, aquí y ahora, por la defensa y la extensión de los derechos civiles, cívicos y sociales, incluidos en los entramados nacionales, o declarados en principio. Ellos contribuyen por este camino a inscribirlos en el espacio institucional mundial, como un hecho potencialmente común.

Por el hecho mismo de la mundialidad estatal neoliberal, el espacio mundial se ha vuelto un lugar de comunicación ciudadana. Una lucha en Bangladesh por un salario de miseria, una lucha en Europa contra la dictadura de los bancos, una lucha en Brasil por la supervivencia de los bosques participan de un enfrentamiento con los mismos aparatos de Estado mundiales.

Así, surge un nuevo "sujeto" político, la humanidad, portadora de todas las contradicciones de la clase, el género y el sistema. Esta "subjetividad" se articula con otras, intermediarias, de las más locales a las más extensas, como las relativas a los nuevos conjuntos continentales, por medio de los cuales se dibuja, tal vez, un Sistema-mundo policéntrico. Pero la referencia última es, en adelante y de forma necesaria, el Estado-mundo. No como proyecto ni utopía, sino como hecho histórico: día tras día y sin que tomemos conciencia de ello, el género humano se constituye en comunidad política. Cada día más frente a la frontera socio-ecológica. Un Estado-mundo alienado bajo el régimen neoliberal y enzarzado en los hilos del Sistema-mundo. Estado de clase, portador de los peores peligros. Irrecusable, sin embargo, como una cita universal. Éste es, en mi opinión, el nuevo campo de batalla[8].

[8] Evidentemente, quedaría por saber si la teoría metaestructural -este metamarxismo ampliado en diversos aspectos- permite llevar más allá el análisis: al terreno de la ecología. Este sería el objeto de otra investigación. En este libro me enfrento al interrogante de saber cómo se disputan el planeta los humanos. Pero yo intento comprender sobre todo las contradicciones sociales y las dinámicas históricas.

Pensar a Marx con Foucault y a Foucault con Marx[*]

El propósito de mi libro *Foucault avec Marx*[1] es investigar las condiciones para una colaboración crítica entre ambas perspectivas. En particular, se trata del Foucault de los años setenta vinculado con el Marx de *El Capital*. Mi acercamiento es a través de un programa de investigación que designo como aproximación "metaestructural" de la modernidad.[2]

1. Parto de un error de Marx. Como se sabe, Marx emprende un análisis de la sociedad moderna como "fenómeno social total" en movimiento -articulando tecnología, economía, sociología, el ámbito jurídico-político y el cultural-ideológico. Al respecto, puede observarse el esquema que propone en forma de edificio infra/superestructural. "El error" del que hablo no se

---

[*] Traducción de Ricardo Bernal Lugo. Este texto fue publicado en: Laval, C. *Marx et Foucault*, La Découverte, Paris, 2016. Tiene traducciones en chino y en italiano.

[1] Bidet, J. *Foucault avec Marx*, La Fabrique, Paris, 2014. Ahí se encontrará una argumentación más articulada y más documentada de las perspectivas presentadas aquí.

[2] El concepto de "metaestructura" está en el centro de la aproximación que desarrollo desde hace tres décadas y que llevo aún más lejos en ese libro. Dicho concepto hace referencia a la idea de que las estructuras modernas de clases deben comprenderse a partir de la instrumentalización de sus presupuestos racionales, en el sentido en el que, según Marx, el capitalismo instrumentaliza el mercado, que es su metaestructura, la cual presupone y reproduce.

refiere específicamente a la "base económica", sino que concierne al paradigma en su conjunto, al uso que de él hace Marx para analizar la sociedad moderna (en el sentido amplio en el que entiende este término).

Marx no entiende la modernidad en términos de "razón", sino de *instrumentalización de la razón*, sin embargo, esto no debe confundirse con el esquema frankfurtiano de una "razón instrumental".

La primera Sección del Libro 1 define la lógica de producción mercantil, en la cual se encuentra implicada la razón jurídico-económica mercantil. La tercera Sección muestra cómo, desde que la fuerza de trabajo se transforma en una mercancía, esta razón mercantil se halla estructuralmente instrumentalizada. Pero a los ojos de Marx la estructura capitalista presenta una *tendencia* histórica que la lleva a su autodestrucción: tal es la conclusión hacia la cual tiende todo el Libro 1. En efecto, aun cuando la sociedad capitalista es gobernada por *el mercado*, la *empresa* que surge en su seno funciona según *otro modo* de coordinación racional a escala social, a saber: *la organización*.[3] Y a medida que el capitalismo se desarrolla, las empresas son cada vez más grandes y cada vez menos numerosas. Al final puede llegar a haber una por sector, afirma Marx.[4] Desde entonces la lógica del *mercado* se encuentra marginalizada por la de la *organización*. Y la clase obrera industrial, cada vez más numerosa, instruida por la técnica y organizada por el mismo

---

[3] Este es el objeto de la Sección 4 del Capítulo 12 (14 en la edición alemana) del Libro I de *El Capital* que trata de "la división del trabajo en la manufactura y en la sociedad" comprendida según la pareja mercado/organización.

[4] *El Capital*, Libro 1, Capítulo 24, II (justo al final). [De nuevo Bidet hace referencia a la edición francesa. En la segunda edición alemana, que es en la que generalmente se basan las traducciones al español, se trata del Capítulo 23, II]. [N.E]

proceso de producción no puede sino darse como perspectiva una apropiación común de la máquina productiva en su conjunto y un gobierno de la producción según *planes concertados entre todos*.[5] De esta forma los productores vendrían a reapropiarse de su capacidad de *razón común*. En estas líneas reconocemos el gran mito emancipador del siglo XX.

El error de Marx se manifiesta en la perspectiva *teleológica* así desarrollada. A pesar de ello, ya vislumbraba un peligro. Una proposición bien conocida de la *Crítica al Programa de Gotha* da testimonio de ello: en la primera fase del comunismo, después de la desaparición del *poder-capital*, afirma Marx en esencia, todavía se mantendrá "la subordinación servil" del "trabajo manual" al "trabajo intelectual". Para decirlo con Foucault: el *poder-saber* permanecerá. El curso de la historia ha mostrado que este poder efectivamente aumenta su potencia al punto de suscitar, como en "el socialismo real", una nueva clase dominante.

Pero el error no es solamente *teleológico*. Es *ontológico*. Paradójicamente se vincula con un descubrimiento esencial de Marx: el carácter central de la pareja *mercado/organización*, que sirve como eje de su análisis. Marx comprende estos dos términos como las dos *mediaciones* que, podríamos decir, relevan la *in-mediación* de la relación discursiva propia de la cooperación *in-mediata*. No obstante, las aprehende en una secuencia histórica que conduce progresivamente del mercado a la organización. Pues bien, en realidad estas dos mediaciones son, en la

---

[5] Tal es el sentido del penúltimo capítulo del Libro 1 de *El Capital* que ha sido considerado, justamente, como su conclusión general. [El penúltimo capítulo de la edición francesa, en la que se basa Bidet, tiene como título "Tendencia histórica de la acumulación capitalista" y corresponde al apartado siete del capítulo 24 de la segunda edición alemana]. [N.E]

sociedad moderna, estructuralmente contemporáneas, forman los *dos polos* de su racionalidad económica: el polo del entre-cada-uno y el polo del entre-todos. La *otra cara*, jurídico-política, de la sociedad moderna es la de la contractualidad individual y la contractualidad central, también conocidas como "libertad de los modernos" y "libertad de los antiguos" (ella también moderna). Si esto es así, la Razón instrumentalizada de la sociedad moderna, la ficción moderna de Razón, siempre presupuesta al mismo tiempo que reproducida, debe comprenderse en los términos de esta bipolaridad. Estas dos formas de coordinación dan lugar a dos tipos de privilegio: uno de propiedad sobre el mercado, otro de "competencia" en la organización. De ahí que la clase dominante tenga dos polos, el del poder-capital, explorado por Marx, y el del poder-saber, discernido por Foucault (y por algunos otros). Aunque de manera problemática, es así como podemos vislumbrar un punto de unión entre ambos pensadores. Este es el eje del análisis que designo como "metaestructural".

2. El poder del propietario capitalista es el de comprar, vender, invertir, contratar, despedir, prestar, endeudarse, localizar, deslocalizar, etc. En *Vigilar y Castigar* Foucault muestra claramente que *existe otro poder*, el cual consiste en trazar los lugares y los tiempos, los itinerarios y las etapas, determinar unas normas, unos comportamientos, en fijar unas tareas y unos exámenes, en clasificar y jerarquizar, en incluir y excluir. Este poder se encuentra en todos los dominios: empresa, administración, hospital, prisión, escuela, milicia.

De forma semejante, Bourdieu habla de un "capital cultural" en oposición al "capital económico"; desarrolla un concepto de "distinción" según un esquema análogo de normación y jerarquización, inclusión y exclusión; y propone una teoría de la reproducción de esa relación social. Foucault no busca saber cómo es que esta relación se *reproduce*, sino cómo se *ejerce*. Lo hace mediante prácticas, mediante actos que también son *actos de habla*, mediante un lenguaje que es el del tratamiento del hombre por el hombre. Y Foucault se propone hacer su historia, la cual designa como una "historia de la verdad". No se trata de una historia de los conocimientos científicos, sino de una historia de eso que es presentado y recibido como verdadero.

Me parece que la "verdad" [*verité*] de la que habla Foucault debe ser tomada en el sentido pleno de "validez", de acuerdo con los términos de una *acción comunicativa*.[6] Se trata de una pretensión de validez, *Geltungsanspruch*, que se divide según el triple principio de lo verdadero [*vrai*], *wahr*, de lo recto,[7] *richtig*, y de lo auténtico, *wahrhaftig*. El paradigma del elevador que declara "está prohibido fumar" es bien conocido: supuestamente enuncia una verdad verdadera [*verité vrai*] (es un peligro para todos), una norma recta (sería incorrecto hacerlo) y una autoridad auténtica (estoy facultado para decírselo a alguien). En el caso de los análisis de Foucault sucede lo mismo. Ya sea que se trate de la locura, de la sexualidad o de la delincuencia, se afirma una pretensión de verdad-eficacia, la de la ciencia, cuyo efecto presume ser el de curar, corregir, educar, etc. De igual forma, se afirma una pretensión de rectitud, la de la

---

[6] Véase especialmente Habermas, J. *Théorie de l'Agir Communicationnel*, t. 1, Fayard, Paris, 1987, pp. 305-326. [Habermas, J. *Teoría de la acción comunicativa*, tomo 1, Taurus, México, 2008, pp. 391-419].

[7] Para evitar confusiones traduzco *juste* por recto y no por justo pues, como se comprueba unas líneas más abajo, Bidet habla de *pretension de justesse* y no de *justice*. De esta manera también conservo la coherencia con la traducción castellana de *Teoría de la acción comunicativa* realizada por Manuel Jiménez Redondo quien utiliza el término "pretensiones de rectitud". [N.T]

norma, que supuestamente permite distinguir a los enfermos, a los anormales, a los desviados, etc. Finalmente, se declara una pretensión de autoridad auténtica: supuestamente el hombre de ciencia está facultado para exigirle a otros que hagan confesiones sobre su sexualidad, su culpabilidad, su ignorancia. Y todo ello sucede en un espacio público a través de una comunicación presuntamente universal.

Existe, por tanto, *otro* poder que no es el del capital. Es el de los *directivos* [*managers*], si tomamos este término en sentido amplio referido a todas las funciones de dirección: la producción de cosas, bienes y servicios, el manejo de los cuerpos y las almas. Así, frente a un poder de *propiedad sobre el mercado*, éste es un poder de *competencia en la organización*, un poder que no consiste tanto en practicar una ciencia como en ejercer una "competencia" recibida. A partir de ahí se le puede dar una base más amplia y más realista a la teoría de Marx. Como la clase dominante está conformada por dos polos, en el sentido en el que Foucault habló alguna vez "del enemigo principal" y del "enemigo inmediato",[8] la lucha de clases se presenta como un juego de tres bandas. Observamos, empero, que ese "otro poder" es de naturaleza distinta pues sólo se puede ejercer *a través de la comunicación* [*en se communiquant*]. De esta forma, la teoría de Marx se pone en movimiento.

---

[8] Bidet se refiere al siguiente pasaje donde Foucault establece las características de ciertas luchas que no se ajustan al modelo de luchas revolucionarias: "Son luchas "inmediatas" por dos razones. En ellas la gente critica instancias de poder que son las más cercanas a ella, las que ejercen su acción sobre los individuos. No buscan al "enemigo principal", sino al enemigo inmediato. Tampoco esperan solucionar su problema en el futuro (esto es, liberaciones, revoluciones, fin de la lucha de clases). En relación con una escala teórica de explicación o con un orden revolucionario que polariza al historiador, son luchas anarquistas" (Foucault, M. "El sujeto y el poder", *Revista Mexicana de Sociología*, vol. 50, núm. 3, jul.-sep. 1988, p. 6). [N.E]

3. Sin embargo, surgen algunos obstáculos en este camino. En primer lugar un desacuerdo filosófico: en efecto, nos podemos sentir tentados en oponer el "estructuralismo" de Marx, que aprehende la condición de los individuos a partir de las estructuras de clase, al "nominalismo" de Foucault, que rechaza cualquier idea de totalidad o de un gran sujeto social.[9] Para Foucault sólo existe una multitud de individuos que se enfrentan en una multitud de funciones y posiciones sociales, en unas circunstancias particulares cuyos elementos se relacionan en diversas temporalidades y espacialidades. Las totalidades en las que se encuentran los vivos [*les vivants*] no son más que "dispositivos", *amalgama*s heterogéneas de discursos, de instituciones, de arreglos técnicos y territoriales. Es cierto que Foucault también habla de la "clase burguesa", pero nos invita a considerar las clases como los "efectos" de prácticas particulares entremezcladas. En el fondo, Foucault se enfrenta al problema de toda sociología: pensar la relación entre lo individual y lo colectivo. Seguramente su consigna de "comenzar por el individuo",[10] resulta fecunda, especialmente en su relación crítica con ciertas tradiciones del marxismo; sin embargo, se trata más de un axioma heurístico que de una teorización alternativa.

Por lo demás, Marx también comienza su discurso por los individuos. Explica que no se puede hablar de clases si no se parte, como él mismo lo hace en la Sección 1, de aquella inter-individualidad mercantil que caracteriza la condición del

---

[9] Esta cuestión se desarrolla en el Capítulo 3 de *Foucault avec Marx,* titulado "Estructuralismo marxiano y nominalismo foucaultiano". Bidet, J. *Foucault avec Marx...*, pp. 150-154.

[10] Sobre este tema véase Foucault, M. *La Volonté de Savoir*, Gallimard, Paris, 1996, pp. 121-129. [Foucault, M. *Historia de la sexualidad 1. La voluntad de saber*, Siglo XXI, México, 2013, pp. 112-125].

hombre moderno. Y esto se encuentra corroborado enseguida cuando, en la Sección 3, llegamos a la relación salarial en la que se plantea la relación de clase. En efecto, la explotación del hombre "libre" sólo puede existir en cuanto se desarrolla sobre el terreno de una relación mercantil, la del mercado de la fuerza de trabajo, donde no se conocen más que relaciones interindividuales: entre los capitalistas y los asalariados, entre los propios capitalistas y entre los propios asalariados.

Es cierto que la explotación salarial produce una escisión de clase: entre aquellos que se apropian del aparato productivo y los demás. Y es igualmente cierto que esta escisión nos coloca ante la existencia de una *estructura* cuyo *ser social específico* debemos considerar. Sin embargo, así definida esta división entre dos clases sociales no produce dos *sujetos sociales*. Constituye un proceso activo, una ruptura que *da lugar* a *agrupamientos* diversos según los tiempos y los lugares. En la "lucha de clases" no son las clases las que entran en lucha, sino *grupos* sociales más o menos capaces de constituirse en actores históricos, en "sujetos" más o menos efímeros. Estos *grupos* deben concebirse en términos de *amalgama*: la "clase obrera" es un bricolaje histórico de cuerpos de trabajo, de técnicas industriales, de relaciones de producción, de configuraciones de género y de "raza", de *corpus* de palabras sedimentadas, de adquisiciones sociales y políticas. Cuando la clase obrera industrial llegue a desaparecer, *la misma estructura de clase* puede dar lugar a otros conglomerados análogos, cuyo potencial histórico aún debe ser considerado.

El interés de la aproximación marxiana, en términos de "estructura", en contraste con la consideración foucaultiana más inmediatamente concreta, en términos de "dispositivo", radica en que ella nos permite preguntarnos sobre las tendencias de los procesos históricos. Marx examina las *tendencias* de la *estructura* capitalista. Son ellas, en efecto, las que definen el campo de lo posible, autorizando perspectivas estratégicas en función de las coyunturas. Sin embargo, Marx se equivocó en el contenido de la tendencia al interpretar que nos conduciría del mercado (capitalista) a la organización (socialista). Como quiera que sea, esto no invalida la problemática estructura/tendencia. Para abordarla de forma pertinente sólo nos hace falta una teorización igualmente pertinente de la estructura. Y particularmente los recursos de Foucault pueden servirnos para ello.

Como se puede ver, mi proyecto no consiste en hallar en el fondo la conexión entre dos "filosofías" aparentemente soberanas. Otros se encargarán de descifrar todas las aporías que se pueden encontrar al elegir ese camino; también sé que Marx y Foucault están, uno y otro, llenos de cuestionamientos procedentes de diversas filosofías. Por mi parte, me mantengo en el plano de la "teoría", si se entiende por ella el proyecto de hacer colaborar en una coherencia de conjunto los diversos saberes sociales (economía, sociología, derecho, psicología, etc.,) bajo las limitaciones críticas de un trabajo filosófico.

4. Sin embargo, un segundo obstáculo justamente tiene que ver con aquello que puede ser interrogado al considerar la posibilidad de un encuentro *teórico* entre estas dos perspectivas. En otros términos, Marx y Foucault, ¿hablan de lo mismo?

En especial, esta cuestión se plantea a propósito de los cursos de Foucault que van de 1977 a 1979. Ahí podemos discernir un gran relato, designado como una "historia de la razón gubernamental", que nos conduce del "Estado de justicia" al "Estado administrativo", posteriormente al "gobierno liberal" y, saltándose el episodio del "Estado social", finalmente nos lleva a la emergencia del "Estado neoliberal". Sin embargo, este *gran relato* concluye en un *gran cuadro*, el de una sociedad contemporánea donde las diferentes "verdades" se entremezclan y en el que nada está completamente fijo nunca. Esta brillante composición nos ofrece un tratamiento particularmente notable: el "liberalismo" es valorado como una posición de equilibrio que se apoya sobre las leyes supuestamente naturales del mercado para la promoción de la vida colectiva de las poblaciones. Así, el liberalismo estaría dotado de un doble potencial de razón, por un lado concerniente al mercado y por el otro a la organización, pero sin que Foucault logre establecer el principio que uniría estas dos facultades y que le daría primacía a la primera sobre la segunda.

De nuevo, el contraste con Marx no es absoluto. Esto es así porque la historia de la "razón gubernamental" forma parte de la "historia de la verdad", es decir: de la historia de aquello que es tomado por verdadero, la historia de las pretensiones de verdad. Foucault subraya esto a propósito de la "sociedad civil". Nos invita a ser muy prudentes en cuanto a su "grado de realidad", pues se trata, afirma, de "realidades de transacción" que sólo aparecen como tales en sus relaciones de poder.[11] Sin embargo, es precisamente eso lo que Marx tiene en mente en la Sección primera del Libro 1. Ahí, propone una exposición rigurosa de la "sociedad civil", es decir, de la sociedad moderna

---

[11] Foucault, M. *Naissance de la Biopolitique*, Seuil, Gallimard, Paris, 2004, pp. 300-301. [Foucault afirma: "La sociedad civil no es una realidad primera e inmediata. Es algo que forma parte de la tecnología gubernamental moderna [...]. La sociedad civil es como la locura, como la sexualidad. Se trata de lo que llamaré realidades de transacción, es decir, precisamente en el juego de las relaciones de poder y de lo que sin cesar escapa a ellas nacen, de alguna manera en la interfaz de los gobernantes y los gobernados, estas figuras transaccionales y transitorias que no por no haber existido desde siempre son menos reales..."] Foucault, M. *Nacimiento de la biopolítica*, Akal, Madrid, 2009, p. 292. [N.E]

entendida como "sociedad de mercado". Y lo hace en términos de "verdad de transacción", de pretensión de validez, según la triple división de lo verdadero, lo recto y lo auténtico. La *verdad* del mercado consiste en ser una configuración concurrencial eficaz que asegura, a la vez, la productividad, el equilibrio entre sectores y la información de los productores: todo esto se encuentra incluido en el *corpus* que configura la "teoría-trabajo" del valor (comprendida más fácilmente por los economistas que por los filósofos).[12] La *rectitud* del mercado es su legitimidad intrínseca como configuración de relaciones entre partes que se designan como libres, iguales y racionales. La *autenticidad* del mercado consiste en que las mercancías no van solas al mercado, se necesita un empujón inicial, una decisión, un "acto fundador" común, tal como escribe Marx, un acuerdo entre todos nosotros que consiste en colocarnos en el mercado, el cual es promovido por nosotros como un orden natural, como un orden trascendente al cual nos sometemos. Me parece que ésta es la verdadera ontología del fetichismo -una ontología en la que el ser es acto-, expuesta en el segundo capítulo del Libro 1 de *El Capital* (puesto que el capítulo primero no ofrece todavía más que una fenomenología: las mercancías parecen intercambiarse entre ellas). Todo este conjunto es la ficción moderna, tal como Marx la define, la pretensión común de la era moderna, la verdad de los modernos. El tejido de su "transacción". En este punto Marx y Foucault se localizan en el mismo discurso: el de la metaestructura.

[12] Por ejemplo, la idea de que en dicha teoría el "trabajo socialmente necesario" se comprende de entrada en referencia a la *concurrencia en el seno de un sector,* y la consideración de que el "trabajo abstracto", independiente de su contenido concreto-útil específico, concierne a la *concurrencia entre sectores*.

Sin embargo, Marx plantea inmediatamente otra cuestión: ¿cómo es que esta ficción puede surgir y subsistir históricamente? ¿Cuál es la estructura que supone y produce, reproduce, esta metaestructura? Respuesta: esta estructura se materializa cuando la fuerza de trabajo se transforma en mercancía, pues en ese momento todo es mercantilizado debido a que el asalariado vive del salario con el cual compra las mercancías. *Es entonces cuando podemos declarar que el mundo es un mercado*. Es sólo cuando la relación social [*rapport social*] es estructurada por la explotación que ésta se puede llevar a cabo como mercado integral. Sin embargo, en el momento en el que ya todo ha sido mercantilizado no nos encontramos más en una sociedad de mercado, sino en una "sociedad de clase" provista de una lógica distinta a la del mercado: la lógica del plus-valor. Lo que Marx nos enseña es el "pasaje" de la sociedad civil a la sociedad de clase. No se trata de un pasaje histórico. Más bien de esta relación, inmanente a la forma moderna de sociedad, entre la *metaestructura* -esa ficción, verdad presentada y recibida- y la *estructura* que la presupone y la pone. Una vez que esto se ha comprendido es posible plantear cuestiones muy diferentes a las que Foucault plantea: la cuestión de la *estructura* capitalista de clase y sus tendencias históricas.

Sin embargo, esto no quiere decir que Marx tenga toda la razón, pues todavía falta comprender precisamente en qué consiste la estructura moderna de clase. Y asumir el hecho, estructural, de que ella combina el poder-capital y el poder-saber.

5. Se notará que en los tiempos de *Vigilar y Castigar* Foucault se había mostrado productivo en el terreno de la *estructura*; sin embargo, con su tratamiento del gobierno al término del decenio llegará a circunscribir su análisis al plano de la *metaestructura*. Mientras Foucault analiza ciertas *prácti-*

cas políticas concretas en los términos de sus agentes, de sus pretensiones, Marx intenta aprehenderlas en sus relaciones con la estructura de clase. Ahí se encuentra la diferencia entre una historia de las "razones" de gobierno y una historia de las "relaciones" de clase. Con todo, se trata de un desacuerdo que no es de orden filosófico, sino político.

Da testimonio de ello la aparición de una figura novedosa: el Buen Pastor.[13] Se trata de una antigua parábola cristiana que en la época moderna, sin embargo, se afirma como un esquema de teoría política alternativo al del contrato. Foucault le sigue la pista desde su gestación en los monasterios hasta su estado final en el pastorado soviético. Muy particularmente centra su atención en la tarea, que el liberalismo asume con especial interés, de *limitar* el poder del Pastor: su poder para gobernar la conducta de todos y cada uno. Sin embargo, esta figura implica un esquema [político] de doble entrada que también se traduce en un lenguaje peculiar: el de la lucha despiadada entre los gobernantes y los gobernados. Este esquema nos coloca ante una especie de movimiento perpetuo: el poder se alimenta de la resistencia que se le opone y nutre la misma potencia que busca controlar. Naturalmente, en este escenario nuestra exigencia es la de ser gobernados lo menos posible, y, precisamente el "gobierno" liberal tiene como propósito intervenir lo menos posible, dejando actuar al orden natural del mercado. Sin embargo, parece que en todo momento es necesario resistir, especialmente porque el Buen Pastor -en su infinita red de conductas por conducir- presenta una tendencia al desarrollo ilimitado de sus prerrogativas *organizacionales,* normalizadoras y jerarquizan-

---

[13] Foucault, M. *Sécurité, Territoire et Population*, Seuil, Gallimard, Paris, 2004, pp. 204-234 [Foucault, M. *Seguridad, territorio, población*, FCE, Buenos Aires, 2006, pp. 161-189].

tes. En este esquema la resistencia no es pasivamente negativa: es productora de efectos, generadora de vida. Pero, paradójicamente, alimenta su rabia mediante la idea de que siempre habrá gobernantes y gobernados. De la misma manera que siempre habrá ricos y pobres.

Ahora bien, Foucault es consciente de que existe otro camino para la teoría política. No ya el de la *resistencia* sino el de la *revolución*, aunque declara su fracaso.[14] En este camino no se trataría de ser gobernado lo menos posible o de ser gobernado de "otra manera", sino de gobernarse a sí mismo. De esta forma el ciudadano se plantearía como soberano. La temática de la gubernamentalidad quedaría sustituida por la del autogobierno. Ya no sería cuestión de resistir al poder, sino de acabar con él. Acabar con el poder de clase, apropiándose de la base económica de sus prerrogativas de gobierno. Más allá de las tácticas del día a día, se trataría de comprometer estrategias de conjunto diseñadas para una nueva subjetividad social. Sin embargo, si se privilegia esta perspectiva es necesario preguntarnos por su significado concreto, mismo que no parece haber pasado la prueba de la evidencia.

No obstante, en lugar de confrontar a Marx y Foucault podría resultar más valioso hablar de un posible acuerdo entre

[14] Foucault, M. *Naissance de la Biopolitique...*, pp. 43-45. [Foucault dice literalmente: "En términos esquemáticos puede decirse que para esa elaboración se propusieron dos caminos esquemáticos entre fines del siglo XVIII y principios del XIX: uno que llamaría, si les parece, camino axiomático, jurídico-deductivo, que fue el de la Revolución Francesa; bueno, también podría llamarse camino rousseauniano [...] para decirlo con claridad y sencillez este proceder consiste en partir de los derechos del hombre para llegar a la delimitación de la gubernamentalidad, pasando por la constitución del soberano. Yo diría que, a grandes rasgos, se trata del camino revolucionario". Foucault, M. *Nacimiento de la biopolítica*, ed. cit., pp. 50-51]. [N.E]

ellos. Desde mi perspectiva, éste sólo es concebible a un precio teórico elevado, el cual quisiera delimitar.

6. Me parece que es necesario repensar la "teoría" de Marx bajo la forma de un "meta-marxismo" que lleve la marca de Foucault. Es decir, la marca de todos aquellos que han contribuido (en términos de "burocracia", de "tecnoestructura", de "poder de dirección" [*pouvoir manágerial*], de "capital cultural", etc.) a mostrar que paralelamente al *poder-capital sobre el mercado,* existe un *poder-saber en la organización* el cual actúa y se reproduce de una manera diferente.

Partamos de la hipótesis general de Marx. Como se ha visto, su planteamiento sobre la modernidad es desarrollado en los términos de una instrumentalización de la razón: el capitalismo parte de una pretensión de racionalidad económica y de razón política según la cual nuestra sociedad sería comprendida como un mercado en el que se encuentran personas libres, iguales y razonables. Al menos esa es la verdad del liberalismo, el cual, como afirma Foucault, pretende indexar el derecho a la economía,[15] entendida, naturalmente, como economía mercantil. La *instrumentalización* consiste en que, al convertirse todo en mercado, la fuerza de trabajo se convierte ella misma en mercancía. El mercado, ese bien común de nuestra racionalidad, se transforma desde entonces en el *instrumento* de una clase provista de privilegios del poder-propiedad o poder-capital.

Con todo, a Marx le faltó comprender plenamente que la organización, esa otra forma de coordinación a escala social

---

[15] Esto prefigura, explica Foucault, la "economía jurídica de una gubernamentalidad indexada a la economía económica", Foucault, M. *Naissance de la biopolitique...*, p. 300. [En la edición de Akal, Horacio Pons traduce la palabra francesa *indexée* por "ajustada": "La economía jurídica de una gubernamentalidad ajustada a la economía económica". Foucault, M. *Nacimiento de la biopolítica...*, p. 291]. [N.E]

cuya potencia crecería hasta el punto de neutralizar al mercado, posee un potencial análogo a la instrumentalización, pero a través de otro privilegio, el del poder-saber. En realidad, desde el comienzo de la "modernidad" a través de esbozos sucesivos en el interior de órdenes sociales anteriores (en diversos lugares del mundo, de Asia a Europa), las dos mediaciones racionales, mercado y organización, funcionan como los dos *factores* de clase que convergen en la *relación* [*rapport*] moderna de clase. La clase dominante presenta así dos polos, dos cabezas, dos tipos de poder.

Es Foucault quien considera este otro poder en sus registros más definidos, como el del tratamiento social del cuerpo, analizando su rol en la constitución del sujeto. Sin embargo, de sus investigaciones particulares se desprende una enseñanza más general. En efecto, me parece que de entrada se le debe reconocer haber establecido claramente, y mejor que cualquiera, que *existe otro poder*, muy distinto al de los capitalistas: es decir, en contraste con la tradición marxista, mostró que los directivos [*managers*] no son solamente los delegados de los capitalistas, ni los administradores públicos de sus operaciones [*chargés de mission*]. Y que este poder es transversal, estructurador de todas las esferas de la sociedad. En efecto, Foucault contribuyó a la *identificación* de ese poder en su referencia con el *saber*, no con el conocimiento, sino con cierta competencia recibida, con sus "verdades" en el sentido de pretensiones reconocidas, verdades socialmente productivas. De esta forma, evidenció que ese poder-saber difiere del poder-propiedad porque *sólo puede ejercerse a través de la comunicación.*

Vista de esta manera, la lucha de clases es una confrontación entre *dos clases,* una, la oligarquía, que se nutre de sus privilegios reproductibles, sea de la propiedad, sea de la competencia, y la otra, la multitud popular. Una lucha de dos clases pero *entre tres fuerzas sociales primarias*, puesto que la clase dominante posee dos cabezas. La base, que debemos designar como la "clase fundamental", se encuentra repartida en *fracciones* diversas dependiendo de si se estructuran más en torno a la mediación mercantil o en torno a la mediación organizacional. Y también en diversos *estratos* en la medida que haya quienes, fruto de las "luchas seculares", posean algún control sobre los mecanismos del mercado y de la organización o, por el contrario, quienes se encuentren librados a ellos en tanto factores de exclusión, integrados a esos mecanismos en la medida que los excluyen, personajes a los que Foucault dirigió particularmente su mirada.

En lo alto [del orden social], hay *una sola clase dominante* porque las dos "mediaciones-factores de clase", mercado y organización, sólo existen en constante interferencia. En efecto, no hay "Razón" (instrumentalizada) más que en su interrelación, móvil y multiforme. No se puede plantear una perspectiva económica "racional" que no sea una articulación entre mercado y organización, ni un orden jurídico-político "razonable" que no responda a la co-implicación de la libertad entre-cada-uno y la libertad entre-todos. Aunque la teoría metaestructural plantea una simplicidad de principios que podrían hacerla parecer una metafísica, en realidad se trata de todo lo contrario porque ella no nos coloca ante la "razón", sino ante la *pretensión* de razón, la pretensión moderna de gobernarse por el discurso comunicativo in-mediato compartido entre todos (una voz es igual a una voz), prolongado por esas dos mediaciones que, debido a la complejidad social, se plantean como el relevo de esta in-mediación discursiva y de la cooperación directa que ella permite. Todo este conjunto, mediaciones e inmediación, se encuentra instrumentalizado en la relación moderna de clase, a través de los privilegios del poder-capital y del poder-saber.

Ahora bien, en la parte de abajo del orden social también hay *una sola clase* ya que esas dos "mediaciones-factores de clase", interfieren entre ellas en todos los niveles, estructurando la sociedad y la vida de cada uno. Ese es el principio de su *unidad.* Sin embargo, ese también es el principio de sus divisiones *en fracciones y estratos diversos*. Horizontalmente, hay quienes se encuentran en ventaja en lo concerniente al factor mercado (desde los campesinos o comerciantes de ayer hasta los empresarios de hoy), otros debido al factor organizacional (funcionarios), otros se encuentran en posición intermedia (asalariados privados). Verticalmente, hay quienes forman parte de agrupaciones que han adquirido cierto control sobre los mecanismos del mercado y la organización, mientras que otros se encuentran más o menos desprovistos (entre ellos los trabajadores rurales, los jóvenes, las mujeres, etc., y, en otro registro, los extranjeros ya que ellos se localizan en la intersección con esa otra dimensión de la forma moderna de la sociedad, no ya la de la estructura-de-clase, sino el sistema-mundo). La unidad de la clase obrera no puede emerger sino de su triunfo sobre las divisiones así identificadas.

Lo propio de una "teoría general" –en este caso una teoría de la modernidad– es ser simple en sus principios y sin embargo capaz de implicarse y multiplicarse en los diversos dominios de la vida social, sobre el terreno de la sociología, la economía, de la política, de la historia, del derecho y de la cultura. Evidentemente, muchos de los malentendidos en una teoría provienen de los conceptos iniciales. De ahí que resulte importante observar que aquí simplemente se define una oligarquía en lo alto [del orden social] y una multitud en la base, pero ambas realidades son comprendidas en términos de *procesos*, pues las clases no son grupos sociales.[16]

De esta forma, la lucha moderna de clases puede analizarse bajo el prisma de "regímenes de hegemonía".[17] Por "regímenes de hegemonía" entiendo los diversos modos de ensamblaje, variables en el espacio y el tiempo, en el curso de la época moderna, de esas tres fuerzas sociales, dependiendo de que el poder-saber se encuentre aliado al poder-capital, o al contrario se vincule con la clase fundamental, es decir al pueblo como masa. El pueblo no se puede emancipar de la relación de clase más que luchando en los dos frentes. Sin embargo, el poder-saber, que sólo puede ejercerse a través de la comunicación, es el más próximo, el más accesible. La astucia del pueblo moderno debe consistir en buscar *hegemonizar* el poder-saber para *marginalizar* al poder-capital. En otros términos, buscar controlar el mercado por la organización y la organización por la lucha democrática, la palabra compartida entre todos -lucha cultural al mismo tiempo que política. Esta "lucha", a diferencia de la "guerra", se define por su referencia "metaestructural". La insurrección se declara en nombre de las "verdades" supuestamente comunes y sin embargo "esencialmente disputadas" en su anfibología constitutiva. La libertad-igualdad-racionalidad es proclamada de manera semejante tanto por quienes pretenden que ya ha sido establecida como por quienes exigen que lo sea.

---

[16] Me permitiré dirigirlos al análisis que propongo en el capítulo 5 de *L'État-Monde*, titulado "Clase, raza, sexo". (*L'État-monde*, PUF, Paris, 2011).

[17] Este concepto está en el centro de los análisis propuestos en *Le Néolibéralisme et ses Sujets* (por aparecer) y en *Le Peuple comme Classe* (en preparación). [El primer libro ya ha sido publicado con el título de *Le Néoliberalisme, une autre grande récit*; el segundo se encuentra en preparación]. [N.E]

La "parte de los de abajo" es una entidad fugaz y polimorfa que ha marcado profundamente y civilizado, al menos un poco, a la sociedad moderna. Hoy, bajo el régimen neoliberal en el que el poder-capital ha tomado el control del poder-saber, esta parte existe únicamente en una dispersión de organizaciones, de indignados, de sindicatos, de asociaciones, de movimientos, de convocatorias, de círculos de estudio, de colectivos y de revueltas. Y sólo podrá superar su derrota llegando a concebir su unidad práctica que no puede ser solamente de clase sino también de género y de "raza", ya que la sociedad moderna no se define integralmente por su "estructura de clase" (aunque este no es el objeto de esta intervención).

Foucault nos puede ayudar a pensar esta amalgama, puesto que nos enseña que esta "gran historia" estructural a la que no debemos renunciar, sin embargo, no es más que la historia incierta de una *empresa común* y no la *quintaesencia de la historia humana*. En estricto sentido, la historia es intotalizable y también está hecha de todo aquello que no puede encontrar lugar en la estructura: deseos y pasiones, ausencias y desventuras, placeres y miserias, infamias y accidentes. Nuestra vida como sujetos no sólo está hecha "del conjunto de relaciones sociales" enarbolando sus verdades, sino de todo ese magma insólito en el cual esas "verdades" diseñan caminos discordantes.

El Neoliberalismo frente a sus Sujetos, aproximación metaestructural*

En este texto intento formular una teoría de la sociedad moderna y de la historia moderna con el objetivo de identificar la naturaleza del neoliberalismo y su impacto sobre las condiciones de existencia, las prácticas y las perspectivas de los seres humanos en nuestro presente.[1]

Desde hace varios siglos, los grandes debates de la sociedad han tenido regularmente como eje la relación entre esos dos modos de coordinación racional a escala social que son el mercado y la organización.[2] Marx plantea el capitalismo en términos de *estructura*, como la instrumentalización del

---

* Traducción de Ricardo Bernal Lugo. Este texto fue escrito en 2015 y cuenta con traducciones al italiano y al chino. [N.E]

[1] Aquí presento algunas opiniones y fragmentos de un libro por aparecer, *Le Neoliberalisme. Une autre grand récit*, Les Praires Ordinaires, Paris, 2016. [El libro fue publicado en marzo de 2016]. [N.E]

[2] Desde mi punto de vista, Marx "inventó" el concepto mercado/organización poniendo en el centro de su análisis el orden social moderno. "Éste debe tener, naturalmente, mediación [*Vermittlung*]", escribe Marx en los *Grundisse* (*Grundisse*, tomo 2, Éditions Sociales, Paris, 1980, pp. 108-109); y precisa [que esas mediaciones se presentan] en términos de mercado y organización. Coordinación mercantil *ex post*, por un lado, *versus* coordinación organizacional *ex ante*, por el otro, la de la empresa, pero también la del socialismo. Nos encontramos con un nudo de problemas complejos. Esta pareja se ha impuesto rápidamente, de múltiples maneras, desde la teoría social moderna hasta el institucionalismo. Entre otras consideraciones, la obra de Oliver Williamson (*The Economic Institutions of Capitalism*, Free Press, 1985), es altamente significativa en este punto.

mercado -de la racionalidad mercantil- a través de la mercantilización de la fuerza de trabajo. En cambio, la *organización* es planteada como si se tratara de una *tendencia* histórica propia de esa estructura concurrencial y es analizada a partir del desarrollo de la gran empresa. Con todo, Marx describió la *organización* como un modo de racionalidad social distinto al *mercado* que, a pesar de estar actualmente en manos de los capitalistas, acabaría por escapar de ellos y urdiría el tejido mismo del socialismo una vez que la propiedad privada y el mercado hayan sido abolidos. Este es el núcleo duro del gran mito emancipador del siglo XX.

Actualmente estamos en posición de hacer un balance respecto a los límites de este mito. Por mi parte, a pesar de que la reflexión crítica ha tomado múltiples caminos, he pretendido retomar, corregir y ampliar el modo de proceder de Marx desde su inicio. En mi trabajo he intentado mostrar que, aun cuando la sociedad moderna se caracteriza por su referencia a la "razón", ésta únicamente funge como su *metaestructura*. La cual sólo puede ser planteada como una pretensión, supuestamente compartida, de libertad-igualdad-racionalidad bajo las condiciones de la *estructura* de clase que la presupone y la pone. Por tanto, la sociedad moderna debe analizarse como la instrumentalización de nuestra razón social, articulada según esas dos mediaciones primarias que son el *mercado* y la *organización*. En efecto, ambas son las únicas formas de *micro-relación* [*micro-relation*] interindividual más allá de la in-mediación discursiva. No obstante, su instrumentalización las transforma en factores de clase co-constitutivos de una *macro-relación* [*macro-rapport*] moderna de clase.[3] Dicha instrumentalización

---

[3] Designo bajo el nombre de "cuadro metaestructural" [*carré métastructurel*] la matriz teórica a partir de la cual se desarrolla el programa de investigación

se realiza a través de un doble proceso de apropiación privilegiada: de la propiedad, en el ámbito del mercado, y de la "competencia", en el ámbito de la organización. De esta forma, la clase dominante o privilegiada, está constituida por dos fuerzas sociales: las fuerzas "capitalistas" y las fuerzas "dirigentes-competentes". La otra clase, que denomino fundamental o popular, se divide en estratos y en fragmentos que se distinguen en función de las relaciones de sus miembros en los procesos de *mercado* y *organización* (implicación, dominio, exclusión). En ese sentido, la estructura social moderna es a la vez binaria y ternaria: debe analizarse como la relación entre dos clases y entre tres fuerzas sociales. En ese contexto, el neoliberalismo representa una figura particular que estudiaré aquí, primero, en términos objetivos (I), y, posteriormente, en términos subjetivos (II).

I. El neoliberalismo como régimen de hegemonía

En mi trabajo he retomado los conceptos económico-políticos de *El Capital* a partir de la teoría del valor y de la plusvalía; sin embargo, la he ampliado y, en ese sentido, he corregido su aproximación. Ciertamente sostengo que existen dos clases, pero en el seno de la clase dominante hay dos fuerzas sociales

---

aquí desarrollado. Es todo este conjunto el que se vuelve objeto de una instrumentalización en las relaciones modernas de clase:

2 Caras / 2 Polos	*racional* Económico	*razonable* Jurídico político
Entre cada uno	Mercado	Contractualidad interindividual
Entre todos	Organización	Contractualidad central

distintas. Si esto es verdad, la sociedad moderna puede ser comprendida a partir de una figura triangular. De esta forma, me opongo a los esquemas que hablan de tres clases, con una clase intermediaria o dos clases dominantes.[4] También me opongo a la idea de una pareja dominante en la que, por un lado, se encontraría el capital (la "sociedad civil") y, por el otro, el Estado. Desde mi perspectiva, la sociedad civil no es reductible al capitalismo y el Estado es consustancial a las relaciones de clase.[5]

Ahora bien, los dos componentes de la clase dominante son de muy distinta naturaleza. Los capitalistas, en tanto que tales, no tienen otro objetivo que la ganancia: si ellos se apartan de esta finalidad tienden a desaparecer. Su horizonte último de abstracción es el poder del "plus-valor" [*pouvoir "plus-value"*]. Sin embargo, ellos no pueden acumular ganancias sin que hagan producir valores de uso a los trabajadores y a los "dirigentes-y-competentes".[6] Por otro lado, la *competición* [*compétition*] alrededor del "poder-de-competencia" [*pouvoir-compétence*]

---

[4] Bidet hace referencia especialmente a la tesis de Gérard Duménil y Dominique Lévy, según la cual existirían tres clases sociales: los capitalistas, las élites vinculadas a los procesos de organización y el pueblo. [N.E]

[5] Sobre este punto hay un desarrollo más amplio en *Refundación...*, pp. 275-278. Basta con señalar, para poder comprender este pasaje, que Bidet intenta desmarcarse de la idea de que la sociedad moderna podría caracterizarse mediante una comprensión dual en la que se localizaría "la sociedad civil", por un lado, y el Estado, por el otro. Desde esta perspectiva, la "sociedad civil", vinculada al mercado, sería el lugar donde se desarrolla el capitalismo, mientras que el Estado obedecería a una lógica distinta. Como dice Bidet, esta caracterización es falsa porque la sociedad civil no puede reducirse al capitalismo y porque el Estado también se encuentra imbricado desde el comienzo en el desarrollo de la estructura de clase capitalista. [N.E]

[6] Aunque, supuestamente, estos últimos están dedicados a la producción de bienes y servicios concretos, permanecen implicados en la lógica capitalista del poder [plusvalor].

desarrolla, al igual que la concurrencia,[7] su propio horizonte de abstracción: la *burocracia*. Sabemos esto particularmente desde la época de las sociedades totalmente planificadas.

La idea de un privilegio del "poder de propiedad" sobre el mercado, característico del capital, no genera muchos problemas. Sin embargo, la idea de ese otro privilegio que sería el de un "poder-de-competencia" localizado en la *organización* amerita ciertas explicaciones.

1. La competencia no es simplemente el saber de quienes dominan (con todo y la apelación foucaultiana de un poder-saber): se trata de la "competencia socialmente recibida" y requerida para la dirección de los otros. Como dice Foucault, existe un poder diferente al poder económico. No es el poder de comprar y vender, de contratar e invertir, etc., es, más bien, el de trazar el espacio y el tiempo, el de definir unos límites, unos itinerarios, unas etapas, unos programas, unas pruebas, unas tareas, unas normas, unos criterios, unos seres normales o desviados, unos fines pertinentes y unos medios adecuados, de educar, de tratar, de juzgar, de incluir y excluir, etc. Particularmente Bourdieu nos ha mostrado cómo es que este poder se ejerce y se reproduce bajo la forma del monopolio, cómo forma un bloque social a pesar de su diversidad.

2. Asocio este "poder-competente" al concepto de *organización*. En efecto, este poder se ejerce tanto en la produc-

[7] El francés distingue la *concurrence* sobre un mercado y la *compétition* en el seno de una organización. A diferencia del inglés, que une los dos procesos bajo un sólo término, el de *competition*. [En español tampoco existe una palabra que distinga la competencia al interior de la empresa de la competencia mercantil, usualmente se habla de competencia en ambos sentídos. Aquí he decidido mantener *compétition* como competición y no como competencia porque éste último término lo he reservado para el "poder-de-competencia"]. [N.T]

ción como en la administración, la salud, etc., según una forma de "coordinación racional a escala social" distinta a la del mercado. Más allá de la coordinación in-mediatamente discursiva -cooperativa, asociativa-, no hay más que dos *mediaciones* concebibles: el *mercado* y la *organización.* Una sometida a la propiedad, la otra, a la competencia, aunque no negamos que, en casos concretos, éstas se hallen entremezcladas de múltiples maneras. Sin embargo, estos son los dos polos del poder que se disputan, por un lado, las minorías privilegiadas y, por el otro, el pueblo sin privilegios.

Ahora bien, las dos fuerzas dominantes [la del poder del plus-valor y la del poder de competencia] se encuentran, a la vez, en una relación de atracción y de oposición. Cada una aspira a la supremacía. De ahí que una teoría de la hegemonía no sólo tenga por objeto la relación entre una clase dominante y una clase dominada, sino las relaciones en el seno de este tríptico agonístico.[8]

1.1 El concepto de régimen de hegemonía

Ahora bien, la hegemonía tiene dos dimensiones siempre interrelacionadas. Según la dimensión *estructural*, un *régimen de hegemonía* define un tipo de relación entre sus tres fuerzas sociales primarias. Las grandes mutaciones tecnológicas -del

---

[8] Esta teorización difiere de la realizada por Gérard Duménil y Dominique Lévy bajo el nombre de "cuadrismo" [*cadrisme*], que comprende estas tres fuerzas sociales como tres "clases". Véase: Duménil, G., Lévy, D. *The Crisis of Neoliberalisme*, Harvard University Press, 2011. No obstante, ambas perspectivas se aproximan pues conciben el análisis histórico y estratégico en términos "triangulares". Es lo que ha hecho posible la redacción de un libro escrito en conjunto con G. Duménil, titulado *Altermarxisme*, PUF, Paris, 2007. [Bidet, J., Duménil, G. *Altermarxismo. Otro marxismo para otro mundo*, El Viejo Topo, España, 2007]. [N.E]

vapor a la era digital- redefinen el campo de acción potencial de cada uno de los dos factores de clase -*mercado* y *organización*-, y las condiciones de la lucha alrededor de su control y de su dominio. No obstante, las clases no son grupos sociales sino escisiones estructurales que se reproducen, definiendo así unos espacios en los que aparecen grupos más o menos efímeros como "la gran patronal" o la "clase obrera (industrial)". De ahí que no sean las clases, sino los grupos, así definidos, los que desarrollan "estrategias de hegemonía".

Con todo, es preciso señalar que esta hegemonía *estructural* siempre se encuentra en relación con una hegemonía *sistémica,* referida a la configuración del *Sistema-mundo* [que puede tomar distintas formas]: potencialmente colonial, satelital, en relevos [*relai*], en tanto Estado-barrera [*Ètat-tampon*], etc. En la hegemonía *sistémica* no hay ningún "presupuesto meta-estructural" de libertad-igualdad-racionalidad, sino un "estado de guerra" que no cesa ni siquiera en tiempos de paz. Pero es preciso comprender que lo sistémico se manifiesta constantemente en lo estructural.

1.2 Análisis formal de los regímenes de hegemonía

Si retomamos estas premisas podemos afirmar que la configuración moderna de la hegemonía contiene tres términos, entre los cuales nunca existe una línea de demarcación absoluta. Aquí serán designados como C, É y P:

"C" designa a los capitalistas, los accionistas y con ellos el cuerpo de agentes cuya función es la acumulación de "plusvalía". Se reconocen porque de manera significativa comparten las ganancias.

"É" designa la Élite auto-promovida de poder-saber: los "competentes-y-dirigentes" que han "recibido competencia" para dirigir los procesos productivos, administrativos, culturales, militares, etc., o para manejar los cuerpos y los espíritus, y, para los cuales, al mismo tiempo, el trabajo es esencialmente el ejercicio de un poder.

"P" designa al Pueblo, la clase popular, o Proletariado, no en el sentido de los "sin-parte", sino de los "sin-privilegio": su propiedad no se acumula, su saber no les otorga poder. El Pueblo se reparte en diversas *fracciones* según predomine el factor organización (asalariados públicos) o el factor mercantil ("independientes"), o incluso un cierto balance entre estos dos factores ("asalariados privados"). Pero, sobre todo, se divide en *estratos jerarquizados*, pues la ausencia de *privilegios* no significa la ausencia de influencia sobre esos "factores de clase". En efecto, a largo plazo las luchas populares se traducen en *adquisiciones* sociales y políticas en términos de salario, de estatus, etc.; sin embargo, no todos tienen el mismo acceso a ellas: el sexo, la profesión, la generación, el origen local o nacional (interferencia sistémica) nos coloca en posición desigual desde el punto de vista del empleo y de cualquier tipo de derechos, incluso en una posición de tal desigualdad que nos encontramos "excluidos" de todas esas *adquisiciones*. Por tanto, hay una profunda división en el interior de la clase popular. A pesar de ello, incluso los excluidos, se encuentran dentro de una misma relación dual de clase: para los mecanismos mercantiles y las normas de la organización la exclusión no tiene ningún "valor", en los dos sentidos del término.[9] En realidad, la exclusión de unos no tiene por contrapartida la inclusión de los otros [en la clase dominante] (dentro de un orden social dado). La

[9] Es decir, no tiene ningún valor en el sentido de que carece de "importancia" y de que no genera "valor" económico. [N.E]

exclusión debilita la posición de todos [los miembros de la clase popular].[10]

Para clarificar las cosas he propuesto una modificación de la terminología. El *liberalismo* es la lógica de los capitalistas. El *socialismo*, es la lógica de los "dirigentes-y-competentes". Y el *comunismo*, la del pueblo, es decir, la abolición de las relaciones de clase.

Ahora bien, al poner en juego tres elementos, C, É, P, el fenómeno de la *alianza* de dos elementos en contra de un tercero juega un rol central en la hegemonía. No obstante, alianza no significa ausencia de antagonismo. De esta forma, podemos retomar la distinción clásica entre *contradicción principal* (aquí: V) y *contradicción secundaria* (aquí: v), ésta última se vuelve más o menos neutralizable bajo la forma de una alianza conflictiva. Primero retomaremos estas relaciones como configuraciones teóricas y, posteriormente, consideraremos su presencia a lo largo de las fluctuaciones de la historia moderna:

CvÉ V P: Esta figura es la más común, sin embargo, ella puede encubrir equilibrios muy diversos entre C y É, y una influencia más o menos grande de P.

C V ÉvP: Esta configuración responde a una lógica que, evidentemente, la clase popular busca promover. El "poder-saber", que tendría que estar orientado hacia la producción de valores de uso, debe tomar, hasta en su función disciplinaria, un riesgo comunicativo. En esta configuración este riesgo es más accesible. Un "triunfo" de la clase popular podría enunciarse, de manera casi tautológica, como el control del *mercado* por la *organización* y el de la *organización* por la democracia dis-

[10] No me detendré aquí en las divisiones en el interior de los dos polos dominantes: C y É.

cursiva compartida [*partagée*] entre todos. Para vencer a la clase dominante, la clase popular debe romper la alianza entre el capital y la élite. Pero no puede hacerlo más que aliándose con esta última, sólo que en posición de hegemonía. La fuerza requerida para este fin depende de su capacidad para llevar a cabo una unidad social, política y utópica entre sus diversas fracciones y fragmentos.[11] A esto le damos el nombre de política metaestructural de emancipación.

É V P: Representa el caso singular del "socialismo real" que sobrevino después de la llamada revolución "comunista". En esta configuración la supresión de una de las mediaciones racionales, el *mercado*, socava todo el dispositivo de "razón" y lo precipita en una instrumentalización más opresiva de lo que la in-mediación discursiva jamás podría ser por sí misma.

1.3 Breve historia de los "regímenes históricos"

Quizá la teoría metaestructural es la única que escapa a la sospecha de eurocentrismo al definir la "modernidad" como el periodo abierto cuando emerge un Estado cuya tarea es hacer colaborar las fuerzas y los procesos de *mercado* y *organización* sobre su territorio. En este breve esbozo, que evoca sólo una dimensión de un proyecto más general, nos limitaremos a una aproximación europea; sin embargo, dejamos abierto el camino para investigaciones similares que partan de otros "inicios" de la modernidad en Asia y, especialmente, en China (durante la era de Song), y que conduzcan a puntos de unión posteriores.

---

[11] El desafío que aquí se anuncia podría ser resumido en esta cuestión estratégica: "¿Reunir a la izquierda o reunir al pueblo?". La respuesta no nos es dada en la pregunta. Intentaré abordarla en *El pueblo como clase*, libro por aparecer.

No me detendré en el *régimen comunal* -especialmente el de las comunas nor-italianas en el siglo XIII-; sin embargo, al menos en Europa, habría que empezar por él.[12] Iniciaré en cambio por el "Antiguo Régimen".

Antiguo Régimen. En él las entidades designables como C, É y P, se mezclan con otras constitutivas de un orden *social* premoderno. Alrededor del poder monárquico, en las grandes funciones de la organización social, predomina una Élite, mitad feudal, mitad burguesa. En el seno de este "Estado administrativo" (Foucault), es, por tanto, É la que predomina sobre C.[13]

Régimen burgués o liberal. Alrededor de 1750 se opera una transformación en las relaciones de fuerza entre, por una parte, la antigua clase dominante, y, por otra, el tríptico emergente -Élite, Capital, Pueblo-, que va a concretarse en las grandes revoluciones "occidentales". Es el tiempo de la "burguesía": simbiosis entre C y É, bajo la égida de C, según la figura CvÉ V P.

Régimen del Estado social nacional. A partir de los años de 1930, el capitalismo genera una potente clase obrera y un agregado multiforme de cuadros y de "dirigentes-y-competentes". La Guerra mundial, las revoluciones socialistas y las liberaciones nacionales se suman a la crisis económica. La figura CvÉ V P se invierte en C V ÉvP. Se trata del Estado social *nacional* cuyo carácter "nacional" se refiere, por un lado, a su condición estructural de posibilidad: el contexto del Estado-

[12] Éste es el objeto del capítulo 7 de *L'État-monde*, PUF, Paris, 2011, pp. 188-232.

[13] Véase, por ejemplo, el capítulo titulado "Officiers y comissaires" en: Cosandey, F., Descimon, R. *L'absolutisme en France, histoire et historiographie*, Seuil, Paris, 2002, pp. 147-163.

nación, y, por el otro, a su contraparte sistémica: su articulación colonial.

Régimen socialista. Más que un proceso revolucionario "comunista" que asociaría É y P, es el régimen del "socialismo real" el que de forma efectiva amerita este nombre, el cual indica el ascenso (efímero) de los dirigentes-y-competentes en la cumbre de un poder que se materializa en términos de una planificación general del orden social.

Régimen fascista, populista. El concepto de régimen de hegemonía nos lleva a considerar el rol que han jugado las "élites" (funcionarios, cuadros, militares), las cuales, en condiciones diferentes según su localización sistémica y su contexto histórico, se encuentran en una posición tecnológica y geopolítica que les permite suscitar una *organización* radical de la población bajo la línea del nacionalismo, sin tener que romper la alianza con los capitalistas, también interesados en una configuración que les favorezca (sea que los proteja o los promueva) en el marco de un plan sistémico.

1.4. El neoliberalismo como liberalismo real

Al comienzo de los años 80 del siglo pasado, el *régimen neoliberal* advino en medio de una lucha que tuvo lugar en la brecha del *régimen del Estado social nacional.* Así, los capitalistas terminaron por superar a las élites que, a su vez, se separaron del Pueblo. De esta forma, reapareció la configuración estructural de la época "burguesa" (CvÉ V P). Sin embargo, es necesario plantearnos en dónde radica la novedad de este régimen.

No se trata, desde luego, de una novedad de doctrina. El liberalismo no es, por lo demás, una doctrina. Es una pretensión.

Y la pretensión del neoliberalismo no contiene nada nuevo. Es la misma del liberalismo: la de los "capitalistas" justificando sus prácticas y sus estrategias. Esta pretensión encontró ya desde hace mucho tiempo su expresión clásica, pura y perfecta. A partir de John Locke, el liberalismo fue llevado a su extremo mediante la tesis de un "orden natural" fundado en la propiedad privada y el mercado capitalista, el cual debía ser impuesto por el colono en el encuentro con cualquier otro ocupante sobre una tierra destinada a ser trabajada para proveer ganancia. Desde un principio, [el liberalismo] es una lógica social *extremista* o, también se puede decir, intrínsecamente "neoliberal".[14]

¿Dónde se encuentra, entonces, la novedad? El neoliberalismo insiste en un cambio de equilibrio entre las tres fuerzas sociales primarias en el seno de la estructura. Es verdad que el "liberalismo", al mismo tiempo que una dominación económica y política sobre el trabajo asalariado, tuvo como correlato el imperialismo y la esclavitud en el seno del sistema-mundo. Sin embargo, a pesar de ello pudo presentarse como una posición moderada. Y si de alguna manera lo fue se debió a que, en los hechos, su lógica extremista se encontraba limitada, contenida por unas fuerzas estructurales que le eran contrarias. En efecto, por un lado estaba ese *otro polo* de la clase dominante, el de la "Élite" de los competentes-y-dirigentes, que -en función del cuadro *nacional-estatal* del que habían emergido- se hallaba en una ascenso paralelo, según unas relaciones de convergencia y antagonismo variables dependiendo del lugar y del tiempo. Por el otro, el "Pueblo" era ya omnipresente, se manifestaba en re-

[14] Véase: Meiskins Wood, E. *Citizens to Lords*, Verso, 2007, pp. 162-163, así como Losurdo, D. *Controstoria del Liberalismo*, Laterza, Roma-Bari, 2005, pp. 42-44 y 72 [Losurdo, D. *Contrahistoria del liberalismo*, El Viejo Topo, Barcelona, 2007, pp. 32-34 y 51].

vueltas y revoluciones recurrentes. El neoliberalismo no será otra cosa más que la materialización del viejo sueño llamado "liberalismo": la dictadura del capitalismo.

II. Los sujetos del neoliberalismo

En los análisis contemporáneos del neoliberalismo existe una división entre la aproximación foucaultiana en términos de "dispositivo" y la aproximación marxista en términos de "estructura". Deseo preguntarme sobre los límites de la primera, actualmente dominante en sociología, y la dificultad que tiene la segunda para suministrar puntos de referencia teóricos y políticos operativos.

El concepto foucaultiano de "dispositivo" tiene por objeto definir los conjuntos constituidos de elementos heterogéneos, materiales, institucionales y discursivos, que configuran un poder social productor de sujetos históricamente definidos. Sin embargo, el "sujeto" identificado debajo de estos "dispositivos", apenas puede oscilar entre la resistencia y la resignación.

En cambio, el concepto marxista de "estructura" caracteriza la totalidad social por sí misma, su racionalidad y sus contradicciones propias, su dinámica histórica. Sin embargo, actualmente el neoliberalismo parece cerrar las perspectivas de emancipación abiertas por esta reflexión. Por lo tanto, esto nos obliga a retomar las cosas desde el inicio. Es preciso recordar que en el primer capítulo de *El Capital* Marx subrayó el hecho de que los productores modernos, en sus intercambios mutuos, se reconocen como libres e iguales: un "prejuicio moderno", escribía. Retomo ese concepto en la problemática metaestructural como la "declaración (o ficción) moderna", la cual, en mi opinión, constituye la sustancia real de eso que Althusser no pudo capturar mediante la temática de la "interpelación". Desde mi perspectiva, se trata de una interpelación estructural pero fundamentalmente ambigua, contradictoriamente pronunciada por los de arriba y por los de abajo, inherente a la estructura moderna de clase.[15]

Ante lo cual, propongo asociar estas dos aproximaciones. En efecto, le seguiré la pista a Foucault, quien nos orienta hacia la definición de un sujeto sujetado [*sujet assujetti*]; sin embargo, continuaré sobre el terreno en el que se cruzan los dispositivos mercantiles y organizacionales. Si la identidad de un "sujeto" se deja leer en el momento subjetivo, se debe buscar su trazo en las *micro-relaciones* [*micro-relations*) inherentes a la *macro-relación* [*macro-rapport*] moderna de clase, es decir: en las relaciones interindividuales de *mercado* y de *organización.*[16]

Por lo tanto, sin perder de vista el momento de la singularidad, seguiré a Marx en lo correspondiente a los términos de estructura y metaestructura, pero lo haré sobre el terreno de los regímenes de hegemonía. En resumen, se trata de enlazar los *dispositivos* a las *estructuras* de clase que los encuadran y las estructuras a los *regímenes* sucesivos de hegemonía que los transforman periódicamente. De esta forma, surgirá un sujeto

[15] Bidet, J. "The interpellated Subject: Beyond Althusser and Butler", en *Crisis and Critique*, vol. 2, núm. 2, 2015. El texto recoge un avance del primer capítulo de *El Sujeto Interpelado y el Cuerpo Biopolítico, La Obra de Marx después de Althusser y Foucault*, aún por aparecer.

[16] Se notará que la lengua francesa nos permite utilizar *relation* para referirnos a las relaciones interindividuales y *rapport* a lo estructural-colectivo, ahí donde el inglés usa en general el mismo término *relation*. [Lo mismo ocurre en el castellano pues, al igual que en el inglés, *relation* y *rapport* se traducen generalmente con la misma palabra "relación"]. [N.T]

interpelado. No obstante, es una interpelación plural, contradictoria y anfibológica que atraviesa esos diversos niveles de experiencia social.

2.1. Los dispositivos del neoliberalismo

Lo que se ha descrito como la emergencia de un "sujeto neoliberal"[17] corresponde, a mi entender, a los dispositivos característicos de un cambio estructural en el predominio de estas dos "mediaciones" en tanto que "factores de clase". *El mercado viene a hegemonizar de forma más radical la organización*. Es así como se define este nuevo "régimen de hegemonía": en contraste con el régimen del *Estado social nacional* -al menos en los lugares donde existió-, *la organización tiende a pasar por la senda del mercado, radicalizando la subordinación.* Esta mutación se observa en los nuevos dispositivos de la empresa que incluso han trastornado el espacio de la vida fuera del trabajo. Así, la aproximación en términos de relaciones entre "factores de clase" permite subsumir bajo el mismo concepto, y comprender mejor, un conjunto de fenómenos por lo demás bien conocidos.

Se trata, por una parte, de la *subcontratación*, que divide la gran empresa en sociedades jurídicamente independientes, transformando las anteriores relaciones de organización en relaciones de mercado. En este nivel, la relación de comando [*rapport de commandement*] da lugar a una relación de "mando" [*relation de comande*], bajo la forma de una relación desigual

---

[17] Veáse Dardot, P., Laval, C. *La nouvelle raison du monde*, La Découverte, Paris, 2009, especialmente el capítulo 13, "La Fabrique du Sujet Néolibérale". El análisis alternativo que propongo relaciona los "dispositivos" a las "estructuras" que presupone (y pone) la metaestructura.

entre quien "da la orden" y quien "recibe la orden". Los subcontratados se encuentran en concurrencia entre ellos y los asalariados están obligados a aceptar un estatuto más desvalorizado, especialmente cuanto más descienden en la escala social. Por otra parte, se tiende a pasar del *contrato de duración indeterminada* -ahí donde éste solía prevalecer- al *contrato de duración determinada*, que marca el debilitamiento del poder organizacional compartido a escala nacional. Estos dispositivos contribuyen al establecimiento de otros que tienen el valor de una mutación general hacia el dominio mercantil, y que pueden analizarse en cuatro tiempos.

1) El primer paso consiste en introducir en la organización de la empresa unos mecanismos *análogos a los del mercado.* Se divide el conjunto de productores en equipos situados en concurrencia entre ellos frente a una gama de remuneraciones diferentes que pueden ser atribuidas en vista de las normas exigidas. Este dispositivo pseudo-mercantil encubre una nueva *organización* burocrática fundada sobre la elaboración de normas de calidad, de rendimiento, etc.

2) Un segundo paso es dado cuando se pide a los equipos determinar sus propios objetivos, mismos que la dirección evalúa en vista de la ganancia esperada por su realización. El sujeto del neoliberalismo es así el que hace suyo el objetivo de la ganancia. No sólo prueba su *productividad*, sino su *empleabilidad* que se define propiamente por su *rentabilidad* [*profitabilité*], la cual supone que éste se hace cargo de todos los riesgos que pesan sobre la ganancia.

3) Un tercer paso consiste en la *abolición del salariado*: el salariado, externalizado, obligado a un *status* de trabajador independiente, deviene un "socio" [*partenaire*]. El empleador no tiene un compromiso con él más que en el corto lapso de la

misión propuesta. *Se trata de la proletarización por la vía mercantil.* Su potencial de extensión es indefinido. En el extremo, el trabajador es reducido a buscar en el mercado al empleador que le asignará una tarea cualquiera a la que este último puede poner fin en cualquier instante.

De esta forma, surge un cambio de predominio observable en las relaciones entre lo privado y lo público. La *organización*, homóloga al *mercado* en tanto que ambas son mediaciones, difiere sin embargo en que ella es más abierta a la interacción lingüística, colocando los intentos de dominación en una posición más vulnerable: el director [*manager*] se debe explicar frente a unos productores que no trabajan sin un horizonte de racionalidad-razonabilidad. En ese sentido, la coordinación organizacional favorece la solidaridad entre trabajadores, desde el espacio empresarial, pasando por el de una profesión, hasta el espacio organizado del Estado-nación, donde, como resultado de relaciones históricas de fuerza, se definen los estatutos, las normas y las reglas que se inscriben en el derecho laboral. En cambio, los dispositivos neoliberales que aseguran el poder jerárquico por la vía mercantil están destinados a minimizar la organización.

4) Sin embargo, aún falta un cuarto momento. Más allá de la empresa clásica, sobre una frontera diseñada en el auge de la digitalización, se observa un cuarto paso en aquello que se ha llamado la "uberización" [*uberisation*] de los servicios. Ahí, la empresa se vuelve el centro de un sistema donde el productor y el consumidor se encuentran en posición de meros intercambiadores [*échangistes*]. El proletario-punto-net [*net-prolétaire*] se encuentra totalmente atomizado, ausente de las implicaciones de un proceso de *organización* que le aseguraría un estatuto social y económico acompañado de un conjunto de derechos y

obligaciones en el seno de la comunidad nacional -la cual ve correlativamente disminuir su potencial fiscal. La inteligencia digital abre un largo espacio para prácticas de intercambio comunicativo y prácticas ecológicas; sin embargo, mientras que los procesos informáticos se encuentren subsumidos a los centros capitalistas de ganancia, tenderán a fagocitar las antiguas formas de trabajo profesional independiente, además de corromper la comunicación in-mediata en sí misma y, con ella, la vida in-mediata, la vida cotidiana.

Ahora bien, en el contexto "clásico" de la jornada de trabajo, el tiempo de *trabajo asalariado*, estructurado por las dos *mediaciones* (*mercado* y *organización*), se oponía al *tiempo libre* que, en el seno de la familia, se fundaba en la *in-mediación* de la relación discursiva y en el cual la actividad (libre) seguía formando parte de una relación esencial. Aunque la actividad "libre" continuaba sujeta a múltiples restricciones sociales -empezando por las relaciones de género-, al menos, en tanto actividad productiva, escapaba a las relaciones de clase que se ejercían a través del juego perverso de las "mediaciones" instrumentalizadas. Al menos eso había sucedido hasta que, con la invención informática, el factor mercantil logró introducirse, inyectando la empresa -junto con sus tentáculos organizacionales y sus jerarquías- en el seno mismo del domicilio, transformándolo así en un lugar de trabajo digital, en el campo de base para una actividad caótica, o en el lugar de asilo para desempleados al acecho de la pantalla en espera de oportunidades.

A ello responden, como se sabe, las nuevas patologías típicas de la hegemonía mercantil neoliberal: estrés, pérdida de autoestima, desintegración de los valores profesionales, disolución de la pasión política. Sin duda, la organización puede ser infinitamente tiránica, por ello es necesario que, echando mano de un poder-saber que sólo se ejerce mediante la comunicación y, por lo mismo, de forma legítima,[18] dé lugar a algún control por parte de las fuerzas de los de abajo. No obstante, cuando la organización es sustituida por las fuerzas mudas del mercado, las consecuencias derivan en pérdida de sentido y desmoralización.

2.2. La naturaleza de la revolución neoliberal

Hagamos el balance de esta derrota histórica. En el régimen del *Estado social-nacional* los capitalistas permanecían en el centro del dispositivo. A pesar de ello, la mediación del mercado y su instrumentalización capitalista, cuyo fin es la ganancia, retrocedían ante las fuerzas "socialistas" de los *dirigentes-y-competentes* y las fuerzas "comunistas" de la clase *fundamental*. En ese periodo, las personas asalariadas comenzaron a hacerse reconocer como "profesionales", es decir, como dotados de capacidades definidas para producir *valores de uso*; comenzaron a ser identificados como tales y no solamente como pretextos para la generación de plus-valía. Así, los asalariados podían limitar el poder-capital incidiendo sobre el poder-saber, valorizándose en relación a sus competencias, a sus "capacidades" registradas en "casillas [*grilles*] oficiales", a unos "estatutos" con cierta autoridad, a unas disposiciones de derecho laboral. Con el desarrollo de un tipo de producción público de bienes y

[18] El trabajo de Boltansky, L., Thévenont, L. *De la justification. Les économies de la grandeur*, Gallimard, Paris, 1991, manifiesta hasta qué punto es difícil de ceñir en la perspectiva única de la ganancia un discurso *organizacional-directivo* [*organisationnel-managérial*] sometido a unas obligaciones de legitimidad pública inherentes a la relación política moderna.

servicios, el asalariado retrocedió en tanto *forma social mercantil* y ascendió en tanto *potencia* de "asalariado", como *fuerza social organizada*, y también como potencia lingüística cooperativa. Así, el pueblo adquirió cierto control sobre las dos "mediaciones" que, por su parte, retrocedieron en tanto "factores de clase".

Un régimen como éste contenía una dimensión inédita de racionalidad y razonabilidad. No obstante, al menos para quienes se encontraban abajo en la jerarquía social y estaban persuadidos de que ese momento formaba parte de una especie de "etapa" histórica dentro de un largo recorrido que las luchas posteriores llevarían a su fin racional y razonable, la desilusión fue enorme. La aparición del *régimen neo-liberal* abrió un panorama en el que, aparentemente, los dispositivos se cierran sobre sí mismos y no parecen dejar lugar a ningún otro horizonte.

Retomemos, empero, el hilo histórico. ¿Qué pasó alrededor de los años ochenta? El viejo sueño de los capitalistas, reactivado por Hayek entre otros, se revivificó en los objetivos del ordoliberalismo alemán y del neoliberalismo estadounidense de la posguerra. Esto se expresó con fuerza en las iniciativas de desregulación universal iniciadas por Thatcher y Reagan. Sin embargo, las condiciones de su materialización no estuvieron listas más que a partir de los años ochenta en la medida en la que progresó la revolución informática. La unificación virtual de todos los procesos de producción y de intercambio a escala global permitió la reducción del *Estado-social-nacional* y la disolución del régimen de hegemonía que le correspondía. Así, en un contexto mundial sistémico desigual,[19] fue posible deslocalizar la producción hacia donde los salarios son cercanos a cero, conservando al mismo tiempo los polos técnicos y financieros decisivos en el centro. Con las nuevas posibilidades económicas anunciadas mediante la irrupción de la informática, el orden jurídico-económico comenzó a definirse por encima de las naciones. El *Estado-social-nacional*, que era el espacio donde tenían lugar los acuerdos entre la clase popular y el polo de los competentes-y-dirigentes, el lugar de sus proyectos fue duramente sacudido. Así, sometido a una constitución neoliberal tiende a volverse una simple sucursal y, al mismo tiempo, un agente activo de un Estado-mundo neoliberal revestido de una constitución *neoliberal* universal. En tanto que aparato, su función es la de alinear la parte nacional sobre el todo mundial en las condiciones desiguales del *Sistema-mundo*. Y es aquí donde se produce una transformación epocal [*épochal*] en las relaciones entre *estructura* y *sistema*. La *Estructura-de-clase* comienza a envolver al *Sistema-mundo*. Una *Estructura-mundo* de clase comienza a afirmarse bajo la forma de un *Estado-mundo* entremezclado y articulado con el *Sistema-mundo*.

Las características de esta revolución neoliberal nos hacen volver al paradigma marxiano fundamental, su famoso "hilo conductor".[20] Una sociedad se comprende como la articulación entre una infraestructura (ella misma resultado de la relación [*relation*] entre fuerzas productivas y relaciones [*rapports*] de producción) y una superestructura jurídico-político-cultural. Marx define el momento *revolucionario* como

---

[19] Es decir, con desigualdades en el nivel del Sistema-mundo, donde las circunstancias de cada país no son idénticas, sino que dependen de su posición en la relación con otros Estados-nación. [N.E]

[20] Sobre el "hilo conductor" de Marx véase: *supra*, p. 24.

aquél en el que el impulso de las fuerzas productivas logra sacudir el control de las relaciones [*rapport*] clasistas y de la superestructura que las gobierna. Aunque Marx pensaba en la revolución socialista que anunciaba una forma nueva de sociedad, la revolución neoliberal representa casi exactamente el mismo caso, únicamente con tres diferencias.

1. Esta revolución no anuncia una nueva estructura social (ni un nuevo "modo de producción"), sino solamente *un nuevo régimen de hegemonía* que perpetúa la misma forma estructural *moderna* -a la vez binaria y triangular- de sociedad.

2. Sin embargo, este cambio de régimen corresponde a un *cambio de época*, puesto que esta estructura moderna de sociedad, entremezclada con el *Sistema-mundo*, se materializa en su última escala como *Estado-mundo* de clase: *Ultimodernidad.*

3. Las tres fuerzas sociales primarias se hallan confrontadas en esta última escala territorial. La potencia de las grandes corporaciones y las finanzas se encuentran en el mercado. No obstante, también existe un poder-saber que organiza el planeta en los aparatos del *Estado-mundo* y en el omnipresente proceso universal de *normación* que atraviesa los mercados y las administraciones.[21] En cuanto a la clase "fundamental" o "popular" ella se diferencia a escala mundial. Si existe algo así como un "sujeto neoliberal" también hay que buscarlo en este contexto. No solamente como resultado de los "dispositivos" neoliberales, sino también en tanto que se encuentra contradictoriamente interpelado por la forma estructural de la sociedad en la era de la Ultimodernidad.

---

[21] Véase Hibou, B. *La Bureaucratisation du Monde*, La Découverte, Paris, 2012.

2.3. El neoliberalismo como régimen inicial de la era del Estado-mundo

De esta forma vivimos en un mundo en el que la estructura, junto con sus contradicciones fundamentales y sus posibilidades, ellas mismas contradictorias, permanecen invariables. De ahí que no estemos entrando en una era "posmoderna", más bien nos encontramos en el culmen de la modernidad. En ese sentido, el programa de investigación *metaestructural* debería desarrollarse sobre los tres lados del triángulo *metaestructural*: los dos polos de la clase dominante y la clase popular.

Ahora bien, la existencia de una *clase dominante mundial* está en el centro de múltiples investigaciones. Dichos análisis se refieren tanto a su *polo capitalista*, cuya integración se encuentra ya muy avanzada, a pesar de que los distintos hegemones [*hégémons*] que compiten en el seno del Sistema-mundo buscan oponer dinámicas contrarias,[22] como a su *polo competente-dirigente* que no solamente reside en los aparatos de Estado mundiales, comprendidos a escala nacional, sino también en las innumerables instancias de *normación* existentes desde la base hasta la cima de la sociedad.[23] Como contraparte, también se esbozan las canteras de una "competencia" liberada del cerco capitalista, y que ya se ve desarrollada a través de una experiencia múltiple de cooperación intelectual (software libre, wikipedia), así como en la crítica ecológica.

---

[22] Robinson, W. *A Theory of Global Capitalism: Transnational Production, Transnational Capitalists*, John Hopkins University, USA, 2004.

[23] Sassen, S. *Territority, Authority, Rights: From Medieval to Global Assemblages*, Princeton University Press, 2006; *A sociology of Globalization*, W. W. Norton, 2007 [Sassen, S. *Territorio, autoridad, derechos: De los ensamblajes medievales a los ensamblajes globales*, Katz, Madrid, 2010].

No obstante, lo más problemático es la existencia de una *clase fundamental mundial*, de un *pueblo-mundo*, en el que cada uno no parece ser más que una brizna de paja sobre las aguas del mercado mundial. Vasto problema. Me permitiría tomar aquí algunos elementos de la última parte de mi libro, *Le Néo-libéralisme, une autre grand récit.*[24] Tres tesis y una conclusión:

1) El mercado no lo es todo. El pueblo de las naciones se inscribe en una ontología social mundializada que no es reductible a las relaciones mercantiles. El mercado fabrica y comparte -es verdad que de manera inmensamente desigual- los bienes materiales y culturales de la tierra entera, mientras el capital se apropia de los medios de producción y de las reglas de distribución. Sin embargo, los productos, una vez adquiridos, dejan de ser puras entidades de mercado, mero capital materializado o simples normas cumplidas. Lo que se produce como mercancía en función de las ganancias es consumido como valor de uso. Y este consumo no sólo produce -tal como lo pretende un viejo esquema tomado prestado de Marx- una "fuerza de trabajo" para el capitalista (la cual a menudo permanecería sin hacer nada y podría ser remplazada por la de cualquier otro); por el contrario, ella es apropiación productiva y creativa. Los autos, los trenes y los aviones van a donde nosotros decidimos que vayan -y, aunque de una forma tenue, esto toca lo esencial de nuestra existencia. Los teléfonos y los ordenadores dicen y escriben lo que nosotros les dictamos. Hablamos y escribimos con quienes nosotros queremos. Nuestros hábitos, ornamentos y comidas celebran los ritos y las fiestas que nos pertenecen. Lo que producimos está ahí para la invención y la acción colectiva,

[24] Al respecto véase: Bidet, J. *Le Néo-libéralisme. Un autre grand récit*, ed. cit., pp. 171-175. [N.E]

son soportes de afirmaciones identitarias y de exigencias universales.

2) Cualquier cosa es susceptible de ser universal. Por lo mismo, unos derechos relativos al mundo y a uno mismo pueden afirmarse con mayor fuerza si se reivindican *inmediatamente* como derechos universales y no simplemente como derechos del ciudadano (nacional). Es verdad que la ciudadanía mundial que lucha por la emancipación no dispone más que de débiles medios institucionales globales sobre los cuales apoyarse. En lo esencial, esta ciudadanía sólo se ejerce en la lucha de clases que tiene lugar en el interior de los diversos Estados-nación. Sin embargo, en la medida en que se enfrenta a formas locales de dominación que también son globales ella misma es, ante todo, mundial. Su universalidad le viene de la universalidad del poder de clase contra el cual se levanta.

3) El pueblo-mundo tiene la facultad de la palabra. A pesar de todas las manipulaciones existentes, el pueblo dispone de una lengua común –la cual, es una condición necesaria para un Estado-mundo en el mismo sentido en que lo era para un Estado-nación. Sin embargo, no se trata de un idioma en particular, como ese viejo inglés (que puede servir de complemento), sino -es la tesis que propongo en mi libro *L'État-monde-* de un dispositivo técnico cuya potencia es otra: la *traducibilidad* y la *transmisibilidad* inmediatas de todo lo que se dice en un espacio público ahora digitalizado. Así, por débil que sea, en lo cotidiano se enuncia una *inter-interpelación potencialmente universal* entre conciudadanos del mundo: ella puede -con arreglo a un proceso surgido en el Estado-nación que sólo existe mediante un lenguaje de comunicación común, cualquiera que éste sea– llamar, *urbi et orbi*, a unirse a los interlocutores materialmente presentes *hic et nunc*, en un espacio mediático común para formar una posible "voluntad general" universal. En efecto, esto es lo que se ha podido ver, especialmente desde hace un decenio, bajo formas variadas en las "primaveras" populares -a pesar de sus ambigüedades y sus fracasos-, en las luchas contra la desposesión en las antiguas comunidades, en las luchas de las mujeres, en las de los homosexuales, en las de la migración. Una política para la emancipación humana no puede ser pensada más que en la interferencia de estas dos configuraciones: estructura de clase y sistema-mundo. Es ahí donde se encuentra reciclada una configuración aún más antigua: la que escinde, más profundamente todavía, a la humanidad en relaciones sociales de género.

Conclusión:

Se anuncia, ambiguo, un nuevo "relato". A medida que, por la fuerza de las cosas, y, en definitiva, por la fuerza de la técnica, nos acercamos a un momento de confrontación entre todos; a medida que comienza a ser reivindicado como un territorio común -incluso si esto ocurre en condiciones de tal asimetría que, mientras algunos buscan invertir donde mejor les parezca, otros están obligados a la errancia o al encierro-, nos aproximamos al fin ecológico-político del planeta. Sin embargo, la referencia moderna a la libertad-igualdad permanece intacta en su propia anfibología, inscrita en la forma misma de la sociedad, en un *logos* al que pertenecemos tanto para lo mejor como para lo peor, un *logos* que obliga a todo discurso particular a reclamar la legitimidad de un discurso común. La interpelación acecha las clases y atraviesa las fronteras. Anuncia en una misma voz, "en el mismo concepto esencialmente disputado" -el de la libertad-igualdad-racionalidad-, la sujeción y la emancipación. Las grandes mayorías, en las que se recaba la inteligencia, tienen algo de razón al pensar que pueden prevalecer sobre los privilegiados, o al menos hacer como si pudieran prevalecer dentro de un planeta transformado en un campo cerrado. No queda otra opción, es un principio de esperanza en los límites de un principio de realidad.

Al *Estado-mundo* pertenece, entonces, un nuevo "relato" que escapa al encanto del ciclo, pero también a la ilusión de un cumplimiento final. Un relato que no promete nada. Si la idea de un relato continúa siendo legítima es porque el proceso *cíclico* que reproduce el sistema, cambiando de forma regular sus coordenadas, no niega los procesos *lineales* colectivos a los cuales la humanidad en tanto que especie no podría escapar. La perspectiva del fin territorial, en su claridad cegadora, despierta el interés por los comienzos oscuros. El relato de la Ultimodernidad podría identificarse con el de la historia más antigua. Ese grupo de *sapiens sapiens* compuestos por algunas decenas de miles de individuos en plena multiplicación (quienes, según se nos ha dicho, debieron tener un lenguaje en común, incluso si hoy no nos queda nada de él) desbordaron su origen africano y terminaron por dispersarse sobre la tierra entera. Perdiendo todo recuerdo de su familiaridad inicial se ignoraron durante milenios, a pesar del fino hilo de mensajes materiales compartidos mediante los senderos del comercio, hasta llegar, en efecto, una vez terminadas sus errancias y sus extravíos, a reencontrarse y a reconocerse cara a cara, con el deber -a pesar de todas las hostilidades y las dominaciones que la estructuran y la organizan- de afrontar el desafío de constituirse como una comunidad política. Es cierto que ahora esto ocurre en la peor de las condiciones: la de un Estado-mundo de clase, entrelazado con el Sistema-mundo imperialista. Esa es nuestra condición de ultimodernos, confrontados a la última frontera, la de un abismo ecológico por conjurar.

Sobre Jacques Bidet

Jaques Bidet es Filósofo y Profesor Emérito del Departamento de Filosofía de la Universidad Paris X-Nanterre. Fue fundador y director de la revista *Actuel Marx* (PUF). Entre sus obras más importantes se encuentran *Théorie de la modernité*, *Théorie générale* y *Explication et reconstruction du Capital*. Sus libros más recientes son: *Foucault avec Marx*, *Le néolibéralisme, une autre grand récit* y *Le Peuple comme classe, et le question du Tiers-parti* (por aparecer). En español se han publicado: *Explicación y reconstrucción de El Capital* y *Altermarxismo*.

Sobre el editor

Ricardo Bernal Lugo es Doctor en Filosofía Moral y Política por la Universidad Autónoma Metropolitana (Iztapalapa). Realizó estudios doctorales en la Universidad ParisVIII-Vincennes Saint Denis. Actualmente es Profesor de las asignaturas de Filosofía social y Filosofía de la economía en la Universidad La Salle, Ciudad de México. Es coeditor del libro *El derecho contra el capital. Reflexiones desde la izquierda contemporánea*, publicado por Contraste Editorial en el año 2016.

www.ingramcontent.com/pod-product-compliance
Lightning Source LLC
LaVergne TN
LVHW091324190726
843491LV00002B/554

9786079761714